外研社·HSK课堂
HSK Class Se

根据2015

VOCABU

◎ 外研社国际汉语研究发

HSK 词汇突破（第2版）

1~3级

含600词

外语教学与研究出版社·北京

图书在版编目（CIP）数据

HSK词汇突破．1~3级 / 外研社国际汉语研究发展中心编．-- 2版．-- 北京 ：外语教学与研究出版社，2016.2（2018.12 重印）
（外研社·HSK课堂系列）
ISBN 978-7-5135-7202-6

Ⅰ．①H… Ⅱ．①外… Ⅲ．①汉语－词汇－对外汉语教学－水平考试－自学参考资料 Ⅳ．①H195.4

中国版本图书馆CIP数据核字(2016)第043461号

出 版 人　蔡剑峰
选题策划　李彩霞　于　辉　郑丽慧
责任编辑　李彩霞　郑丽慧
装帧设计　姚　军
出版发行　外语教学与研究出版社
社　　址　北京市西三环北路19号（100089）
网　　址　http://www.fltrp.com
印　　刷　大厂回族自治县益利印刷有限公司
开　　本　880×1230　1/64
印　　张　3
版　　次　2016年3月第2版　2018年12月第4次印刷
书　　号　ISBN 978-7-5135-7202-6
定　　价　25.00元

购书咨询：（010）88819926　电子邮箱：club@fltrp.com
外研书店：https://waiyants.tmall.com
凡印刷、装订质量问题，请联系我社印制部
联系电话：（010）61207896　电子邮箱：zhijian@fltrp.com
凡侵权、盗版书籍线索，请联系我社法律事务部
举报电话：（010）88817519　电子邮箱：banquan@fltrp.com
物料号：272020001

编写说明

本套“HSK 词汇突破系列”自 2011 年陆续出版后深受广大 HSK 考生和教师的欢迎，销量居 HSK 辅导用书前列，各分册均多次重印。2015 年，孔子学院总部 / 国家汉办对 2009 版 HSK 大纲进行了修订，对词汇大纲也进行了调整。为顺应新大纲的要求，同时结合广大读者对第 1 版提出的宝贵意见和建议，我们修订编写了这套“HSK 词汇突破系列”第 2 版。

《HSK 词汇突破 · 1–3 级》（第 2 版）由 HSK 1–3 级词汇组成，词汇按音序排列，以方便考生查找。本书根据 2015 版 HSK 词汇大纲，在第 1 版的基础上进行了相应的增补和删改，共计增加新词条 8 个，删除词条 16 个，与其他等级之间互调词条 98 个，并对部分词条的词性、拼音、搭配、例句等进行了内部修订。此外，本书将新版词汇大纲中的“附表 1：重组默认词”在相应词条下作为“扩展词”呈现，将“附表 3：特例词”中的专有名词融入例句中呈现，并将新版词汇大纲中的 3 个附表完整呈现在本书的附录部分，为学习者进行补充、扩展学习提供了方便。

《HSK 词汇突破 · 1–3 级》是“外研社 · HSK 课堂系列”中的一本。“外研社 · HSK 课堂系列”是一套训练学生听、说、读、写各方面技能的综合性考试教材，包括“21 天征服 HSK 教程”“HSK 专项突破”“HSK 词汇（含词汇突破、词汇宝典）”“HSK 通关：攻略 · 模拟 · 解析”以及“HSK 全真模拟试题集”五个子系列。“HSK 词汇突破”是一套词汇手册，共含四本：《HSK 词汇突破 · 1–3 级》《HSK 词汇突破 · 4 级》《HSK 词汇突破 · 5 级》以及《HSK 词汇突破 · 6 级》。本套手册由具备丰富 HSK 教学经验的教师编写，内容涵盖了 HS大纲中的 1–6 级词汇。

《HSK 词汇突破 · 1–3 级》在内容和编排上充分考虑到学习者的需求。在内容方面，严格按照新HSK 1–3 级大纲收录词汇，以满足 HSK 1–3 级考试的备考需要。在体例设计上，为生词加注了汉语拼音英文翻译、常用词语搭配及例句，部分生词还列出其扩展词（重组默认词）、同义词或反义词。其中，常用词语搭配源于 HSK 真题中常出现的考点，便于考生提前熟悉考试；例句尽量不出现超纲词，但因 1–3 级要求掌握的词汇较少，句子中可能会出现少量超纲的生活常用词，这些超纲词均配有拼音和英文翻译，所以不会增加考生的学习负担，考生还可以此扩大自己的词汇量。

本手册采用口袋书的形式，便于携带，可方便考生随时随地记词汇。

作为便携式小词典，本套手册不仅适合参加 HSK的考生做考前强化训练，也适合其他汉语学习者随时查阅，可帮助汉语学习者迅速掌握日常生活中经常遇到的汉语词汇。

在编写过程中，研究生褚秀丽、谈琛、覃春红、宾蓉、张妮、周冠男收集了大量资料，做了很多工作，在此表示诚挚的谢意！

欢迎广大读者使用本书并批评指正，以便我们及时修订。

外研社国际汉语研究发展中心

2016 年 1 月

目录

HSK
词汇突破

• 1级词汇 •

A

爱 ài *v.* love, like	【配】爱看电影，爱妈妈，爱学习 【例】① 你爱看什么电影？ ② 她很爱她的妈妈。 ③ 我很爱学习。

B

八 bā *num.* eight	【例】① 我买了八个苹果。 ② 他考试得了第八名。
爸爸 bàba *n.* dad, father	【例】① 艾米的爸爸在医院工作。 ② 我爸爸喜欢看书。
杯子 bēizi *n.* cup, glass	【配】一个杯子，买杯子，小杯子 【例】① 这个杯子太大了！ ② 昨天玛丽买了四个小杯子。
北京 Běijīng *n.* Beijing	【例】① 北京是中国的首都(shǒudū; capital)。 ② 他在北京学习汉语。

本 běn *m.* (for books)	【配】两本书，这本书 【例】① 我昨天买了三本书。 ② 这本汉语书是谁的？
不客气 bú kèqi you are welcome	【例】A：谢谢您！ B：不客气！
不 bù *adv.* not	【配】不是，不喜欢，不高兴 【例】① 她妈妈不是医生。 ② 爸爸不喜欢喝茶。 ③ 他今天不太高兴。

C

菜 cài *n.* vegetable	【配】买菜，做菜（zuò cài; cook dishes） 【例】① 你爱吃什么菜？ ② 你去超市（chāoshì; supermarket）买点儿菜。 ③ 今天晚上我做菜。

茶 chá *n.* tea	【配】喝茶，一杯茶，热茶 【例】① 美真很喜欢喝茶。 ② A：请喝茶。B：谢谢！ ③ 桌子上有一杯热茶。 【扩】茶杯（chábēi; tea cup）
吃 chī *v.* eat	【配】吃饭 【例】① 今天中午去哪儿吃饭？ ② 卡尔很爱吃米饭。
出租车 chūzūchē *n.* taxi	【配】坐出租车，开出租车 【例】① 我们是坐出租车来的。 ② 我的朋友开出租车。 【扩】打车（dǎchē; take a taxi） 学车（xuéchē; learn to drive a car）

D

打电话 dǎ diànhuà give sb a phone call	【配】给……打电话 【例】① 他在打电话呢。 ② 艾米在给妈妈打电话。

大 dà *adj.* big	【配】大小，很大 【例】① 这个商店很大。 ② 这件（*m.*）衣服太大了。
的 de *part.*	【例】① 我的妈妈是医生。 ② 他是昨天来的。 ③ 这是在商店买的。
点 diǎn *m.* o'clock	【配】几点，八点 【例】① A：现在几点了？ B：五点十分。 ② 我八点去火车站。
电脑 diànnǎo *n.* computer	【配】买电脑，一台（*m.*）电脑 【例】① 我明天去买电脑。 ② 这台电脑多少钱？
电视 diànshì *n.* television	【配】看电视，一台电视 【例】① 我不喜欢看电视。 ② 桌子上有一台电视。

电影 diànyǐng *n.* movie	【配】看电影，电影票（piào; ticket），一场（*m.*）电影 【例】① 明天我和朋友去看电影。 ② 在哪儿买电影票？ 【扩】电影院 (diànyǐngyuàn; cinema)
东西 dōngxi *n.* thing	【配】他的东西，这些东西 【例】① 你的东西多吗？ ② 这些东西是谁的？
都 dōu *adv.* all	【例】① 我们都会做饭。 ② 他们都是我的朋友。 ③ 我们都去超市。
读 dú *v.* read	【配】读书，读课文（kèwén; text） 【例】① 山口很喜欢读书。 ② 我们在读课文。 ③ 这几个字你会读了吗？
对不起 duìbuqǐ *v.* sorry	【例】A：对不起。 B：没关系。

多 *adj./pron.* many, much; how, what	【配】很多，不多，多大 【例】① 小明有很多中国朋友。 ② 你的东西太多了！ ③ 小王今年多大？
多少 duōshao *pron.* how many, how much	【配】多少人，多少钱 【例】① 你们班有多少学生？ ② 我要三斤（*m.*）苹果，多少钱？

E

儿子 érzi *n.* son	【例】① 李老师有两个儿子。 ② 他的儿子今年 9 岁了。
二 èr *num.* two	【例】一加一等于（děngyú; be equal to）二。

F

饭店
fàndiàn
n. restaurant

【配】去饭店，一个 / 家饭店
【例】① 今天中午我们去饭店吃饭吧。
② 那个饭店的菜不好吃。
③ 学校边上有很多小饭店。

飞机
fēijī
n. plane

【配】坐飞机，飞机票（fēijīpiào; air ticket）
【例】① 他是坐飞机来的。
② 我明天去买飞机票。
③ 在飞机上，我认识了一个中国朋友。

分钟
fēnzhōng
m. minute

【配】三分钟，几分钟
【例】① 他写了四十分钟了。
② 我还有几分钟就走了。

G

高兴
gāoxìng
adj. happy

【配】很高兴，不高兴
【例】① 很高兴认识你们。
② 能来中国学习汉语，我很高兴。
③ 她今天不太高兴。

个 gè *m.* (used before a noun which does not have a fixed measure word of its own)	【配】三个杯子，一个人 【例】① 这三个杯子，你喜欢哪一个？ ② 教室里有两个人。
工作 gōngzuò *v./n.* work	【例】① 小林在火车站工作（*v.*）。 ② 你做什么工作（*n.*）？
狗 gǒu *n.* dog	【配】小狗，一只（*m.*）狗 【例】① 我的朋友很喜欢狗。 ② 他家里有一只小狗。 ③ 这是谁的狗？

H

汉语 Hànyǔ *n.* Chinese	【配】汉语老师，学习汉语 【例】① 我的汉语老师很漂亮。 ② 艾米在北京学习汉语。

词语	配例
好 hǎo *adj.* good	【配】好人，很好，不好 【例】① 他是个好人。 ② 他学习很好。 ③ 她的工作不好。
号 hào *m.* date	【配】二月五号 【例】① 你的生日是几月几号？ ② 今天几号了？
喝 hē *v.* drink	【配】喝茶，喝水 【例】① 他喜欢喝可口可乐（kěkǒukělè; coca-cola）。 ② 天气太热了，多喝点儿水。
和 hé *conj./prep.* and; to, with	【例】① 他和朋友明天去医院。 ② 美真喜欢小猫和小狗。 ③这个桌子和弟弟一样高。
很 hěn *adv.* very	【配】很大，很喜欢 【例】① 我们的学校很大。 ② 我很喜欢唱歌（chànggē; sing）。

后面 hòumiàn *n.* back, rear	【配】他（的）后面，教室后面 【例】① 上课的时候，他坐在我后面。 ② 我家后面有一家商店。
回 huí *v.* return, go back	【配】回家，回去，回国 【例】① 他晚上不回学校了。 ② 我九点回去。 ③ 她今年八月回国。
会 huì *v.* can	【例】① 我不会开车。 ② 艾米会说汉语。

J

几 jǐ *pron./num.* how many; some (between 2 and 9)	【配】几岁，几天，十几岁 【例】① 你女儿今年几岁了？ ② 小月在北京住几天？ ③ 我想去书店买几本书。

家 jiā *n./m.* home, family; (used for families or enterprises)	【配】回家，家里，两家公司 / 商店 【例】① 我星期五回家。 ② 你家里都有什么人？ ③ 李先生在一家公司工作。
叫 jiào *v.* name	【例】A：你好！我叫朴美真。 B：认识你很高兴！我叫山口。
今天 jīntiān *n.* today	【例】① 山口今天没来上课。 ② 今天是星期天。 【扩】后天 (hòutiān; the day after tomorrow)
九 jiǔ *num.* nine	【例】我去过九个国家。

K

开 kāi *v.* open, turn on	【配】开门，开灯（dēng; light），开电脑 【例】① 请开一下门。 ② 我要睡觉，请别开灯。 【扩】开车 (kāichē; drive a vehicle)
看 kàn *v.* watch	【配】看电视，看新闻（xīnwén; news），看电影 【例】① 爸爸在看电视。 ② 下课后我要和朋友去看电影。
看见 kànjiàn *v.* see	【例】① 你看见艾米的衣服了吗？很漂亮。 ② 前天我看见王老师了。 【扩】听见 (tīngjiàn; hear)
块 kuài *m.* piece	【配】一块糖（táng; candy） 【例】① 她买了几块糖。 ② 这块手表 (shǒubiǎo; watch) 多少钱？

L

来 lái *v.* come	【配】来学校，来这儿 【例】① 艾米来中国一年了。 ② 我的朋友晚上来我家吃饭。 ③ 现在是晚上十二点，他不会来了。 【扩】回来 (huílái; come back, return)
老师 lǎoshī *n.* teacher	【配】王老师，一位（*m.*）老师 【例】① 我的汉语老师是李老师。 ② 这位是我的汉语老师。
了 le *part.*	【例】① 他去上海了。 ② 我不能去北京了。
冷 lěng *adj.* cold	【配】很冷，不冷 【例】① 今天太冷了！ ② 昨天一点儿都不冷。

里 lǐ *n.* inner, inside	【例】① 教室里有桌子和椅子。 ② 桌子里有什么（东西）？
六 liù *num.* six	【例】小林这个星期读了六本书。

M

妈妈 māma *n.* mom, mother	【例】① 他的妈妈是汉语老师。 ② 我爱我的妈妈。
吗 ma *part.*	【例】① 她在医院工作吗？ ② 我们一起去看电影，好吗？
买 mǎi *v.* buy	【配】买衣服，买东西 【例】① 她在买衣服。 ② 我想买一台电脑。

猫 māo *n.* cat	【配】小猫，一只猫 【例】① 前面有只小猫。 ② 这只猫是谁家的？
没关系 méi guānxi it doesn't matter, that's all right	【例】A：对不起！ B：没关系。
没有 méiyǒu *adv.* have not, did not	【配】没有去过，没有吃早饭 【例】① 我没有学过这个汉字。 ② 卡尔昨天晚上没有睡觉。 ③ 她今天没有来上课。
米饭 mǐfàn *n.* rice	【配】吃米饭，一碗（*m.*）米饭 【例】① 桌子上有两碗米饭。 ② 山口不喜欢吃米饭。 【扩】吃饭 (chīfàn; have a meal) 午饭 (wǔfàn; lunch)
名字 míngzi *n.* name	【例】① 那本书的名字是什么？ ② 你叫什么名字？

明天 míngtiān *n.* tomorrow	【例】① 明天不是星期天。 ② 你明天去哪儿？

N

哪 nǎ *pron.* which	【配】哪个，哪些 【例】① 哪本书是你的？ ② 你们哪天回来？
哪儿 nǎr *pron.* where	【例】① 你家在哪儿？ ② 你在哪儿上汉语课？
那 nà *pron.* that	【配】那个，那些 【例】① 那是艾米的笔。 ② 那些苹果是谁的？ ③ 那个人是谁？ 【扩】那里 (nàlǐ; there)
呢 ne *part.*	【例】① 王先生在做什么呢？ ② 我的衣服呢？

能 néng *v.* can, be able to	【例】① 我不能和你去医院了。 ② 你能来上课吗？
你 nǐ *pron.* you	【例】① 你好！这是你的书吗？ ② 你做什么工作？
年 nián *n./m.* year	【配】去年，今年，两年 【例】① 和子今年要回日本（Rìběn；Japan）工作。 ② 她每年都会来中国。 ③ 李老师教了十几年汉语了。
女儿 nǚ'ér *n.* daughter	【例】① 他有一个女儿。 ② 老师的女儿喜欢看书。

P

朋友 péngyou *n.* friend	【配】好朋友，很多朋友 【例】① 卡尔是我的好朋友。 ② 我在中国认识了很多朋友。

漂亮
piàoliang
adj.
beautiful

【配】很漂亮，漂亮的衣服
【例】① 他的女朋友很漂亮。
② 艾米买了一件很漂亮的衣服。

苹果
píngguǒ
n. apple

【配】两个苹果，一些苹果
【例】① 我每天吃一个苹果。
② 我去超市买了些苹果。

Q

七
qī
num. seven

【例】一个星期有七天。

前面
qiánmiàn
n. front

【配】在前面，教室的前面
【例】① 小明坐在我前面。
② 我认识坐在教室前面的那个人。
【扩】里面 (lǐmiàn; interior, inside)
上面 (shàngmiàn; upper place)
下面 (xiàmiàn; lower place)

钱 qián *n.* money	【配】没（有）钱，多少钱 【例】① 他这个月没有钱了。 ② 那台电视多少钱？ ③ 这些苹果八块钱。
请 qǐng *v.* please	【例】① A：请坐。请喝茶！ B：谢谢！ ② 请帮（bāng; help）我拿本书，好吗？
去 qù *v.* go	【配】去买衣服，去上课，去哪儿 【例】① 星期天我想去买衣服。 ② 你去上课了吗？ 【扩】回去（huíqù; go back, return）

R

热 rè *adj.* hot	【配】很热，天气热 【例】① 今天天气不太热。 ② 昨天很热。

人 rén *n.* person	【配】很多人，那个人，好人 【例】① 火车站有很多人。 ② 前面那个人是你的同学吗？ ③ 他是个好人。
认识 rènshi *v.* know	【配】不认识 【例】① 我不认识他。 ② 你们是怎么认识的？

S

三 sān *num.* three	【例】她女儿今年三岁了。
商店 shāngdiàn *n.* store, shop	【配】去商店，一个商店 【例】① 妈妈去商店买了几件衣服。 ② 这个商店很小，东西不多。 【扩】书店 (shūdiàn; bookstore)
上 shàng *n.* up, on	【配】上面，桌子上 【例】① 桌子上有一些香蕉 (xiāngjiāo; banana)。 ② 椅子上有一本书。

上午 shàngwǔ *n.* morning	【例】① 明天上午我去朋友家。 ② 他上午有课（kè; lesson）。
少 shǎo *adj.* little, few	【配】不少，很少 【例】① 今天她买了不少水果。 ② 他认识的中国朋友很少。
谁 shéi *pron.* who	【例】① 谁在打电话？ ② 山口和谁去医院了？ ③ 这是谁的电脑？
什么 shénme *pron.* what	【配】什么时候，什么名字 【例】① 他什么时候能来？ ② 她叫什么名字？ ③ 你想吃什么？
十 shí *num.* ten	【例】我们班上有十个日本同学。

时候 shíhou *n.* time, moment	【配】什么时候 【例】① 你什么时候回家？ ② 你什么时候下课？
是 shì *v.* be	【例】① 她是小林的朋友。 ② 我是美国人（Měiguórén; American）。 ③ 这本书是我的。
书 shū *n.* book	【配】一本书，看书 【例】① 桌子上的那本书是你的吗？ ② 小明喜欢看书。
水 shuǐ *n.* water	【配】热水，喝水 【例】① 在喝水的那个人是谁？ ② 有热水吗？我想喝水。
水果 shuǐguǒ *n.* fruit	【配】吃水果，水果店（shuǐguǒdiàn; fruit shop） 【例】① 你喜欢吃什么水果？ ② 水果店在哪儿？

睡觉 shuìjiào *v.* sleep	【例】① 爸爸在睡觉。 ② 我昨晚没睡觉。
说 shuō *v.* speak, talk, say	【配】说汉语 【例】① 他的汉语说得很好。 ② 我不知道说什么。 ③ 老师说北京很热。
四 sì *num.* four	【例】今天，我买了四本书。
岁 suì *m.* year (of age)	【配】几岁，多少岁 【例】A：你妹妹几岁了？ B：她今年四岁。

T

他 tā *pron.* he, him	【例】① 他是爸爸的朋友。 ② 他喜欢看电影。 ③ 我不认识他。

她 tā *pron.* she, her	【例】① 她星期四回来。 ② 小丽很漂亮，我很喜欢她。
太 tài *adv.* too	【例】① 太好了！ ② 山太高（gāo; high）了，上不去！
天气 tiānqì *n.* weather	【配】天气预报（yùbào; forecast） 【例】① A：今天天气怎么样？ B：今天天气不太好。 ② 天气预报说今天有雨。
听 tīng *v.* listen	【配】听歌（gē; song） 【例】① 她很喜欢听歌。 ② 你听，老师在说什么？
同学 tóngxué *n.* classmate	【配】他（的）同学，一位同学 【例】① 他不是我同学。 ② 这三位同学我不认识。

W

喂 wèi *interj.* hello	【例】A：喂，你好！是王先生吗？ B：你好，我是。
我 wǒ *pron.* I, me	【例】① 我现在去北京大学（Běijīng Dàxué; Peking University）。 ② 同学们都很喜欢我。
我们 wǒmen *pron.* we, us	【例】① 我们都学习汉语。 ② 我们明天都有课。 ③ 我很高兴她能帮助（bāngzhù; help）我们。 【扩】你们 [nǐmen; you (second person plural)] 他们 (tāmen; they)
五 wǔ *num.* five	【例】请给我五个苹果。

X

词语	搭配与例句
喜欢 xǐhuan *v.* like	【配】喜欢看电视，喜欢看书 【例】① 我喜欢这件衣服。 ② 艾米很喜欢看书。
下 xià *n.* under, below	【配】下面，桌子下 【例】① 椅子下有一本书。 ② 桌子下有什么？
下午 xiàwǔ *n.* afternoon	【例】① 他下午去火车站。 ② 我今天下午去看电影。
下雨 xià yǔ *v.* rain	【例】① 下雨了，太冷了。 ② 这儿经常（jīngcháng; often）下雨。
先生 xiānsheng *n.* mister	【配】李先生，一位先生 【例】① 李先生今天不上班。 ② 这位先生是医生。

现在 xiànzài *n.* now	【例】① 你现在去买水果吗？ ② 她现在工作了。 ③ 现在几点了？
想 xiǎng *v.* want	【配】想唱歌，想吃饭 【例】① 你想坐在哪儿？ ② 今天中午你想吃什么？
小 xiǎo *adj.* small, little	【配】太小，大小 【例】① 我的房间太小了。 ② 这个小苹果是我的。
小姐 xiǎojiě *n.* miss	【配】王小姐，一位小姐 【例】① 王小姐出去了。 ② 这位小姐我认识。
些 xiē *m.* some	【配】一些水，那些书 【例】① 天气很冷，他喝了一些热水。 ② 小王很喜欢这些歌。
写 xiě *v.* write	【配】写（汉）字 【例】① 他会写一些汉字。 ② 请写上你的名字。

谢谢 xièxie *v.* thanks	【例】A：谢谢你的书。 B：不客气！
星期 xīngqī *n.* week	【配】一个星期，星期五 【例】① 我两个星期没看见他了。 ② 你星期几回家？
学生 xuéshēng *n.* student	【配】小学生，中学生，大学生 【例】① 我是一年级（niánjí; grade）的学生。 ② 教室里有三个学生。
学习 xuéxí *v.* study, learn	【配】学习汉语，爱学习 【例】① 她在北京学习汉语。 ② 他很爱学习。
学校 xuéxiào *n.* school	【配】去学校，学校里 【例】① 王老师今天没来学校。 ② 他现在在学校里上课。 【扩】大学（dàxué; university）

Y

词语	配例
一 yī *num.* one	【例】昨天，我一个人在家看电视。
衣服 yīfu *n.* clothes	【配】一件衣服，买衣服 【例】① 这件衣服是谁的？ ② 我在买衣服呢，不在家。
医生 yīshēng *n.* doctor	【配】看医生，一位医生 【例】① 这儿的医生很好。 ② 我明天去看医生。
医院 yīyuàn *n.* hospital	【配】一家医院 【例】① 他今天要去医院。 ② 前面有一家医院。 【扩】住院 (zhùyuàn; be hospitalised)
椅子 yǐzi *n.* chair	【配】一把（*m.*）椅子 【例】那把椅子在哪儿？

一点儿
yìdiǎnr
a bit, a little

【配】吃一点儿水果，快一点儿
【例】① 李明会说一点儿英语。
② 我要吃一点儿米饭。
③ 她有一点儿不高兴。
【扩】有点儿 (yǒudiǎnr; somewhat, rather)

有
yǒu
v. have

【例】① 我有三个中国朋友。
② 书上有你的名字。

月
yuè
n. month

【配】五月，一个月
【例】① 我六月去北京。
② 一年有 12 个月。
【扩】八月 (bāyuè; August)

Z

再见
zàijiàn
v. goodbye

【例】A：明天见！
B：再见！

在 zài *v./prep.* be at/in/on (a place); at/in (a place or time)	【配】在教室里，在这个星期 【例】① 他在学校工作。 ② 我要在这个月看五本书。
怎么 zěnme *pron.* how	【例】A：你们是怎么来的？ B：我们是坐飞机来的。
怎么样 zěnmeyàng *pron.* how	【例】① 这件衣服怎么样？ ② 昨天的电影怎么样？
这 zhè *pron.* this	【配】这个，这些 【例】① 我买这几个苹果。 ② 这些人我都认识。 【扩】这儿 (zhèr; here)
中国 Zhōngguó *n.* China	【例】① 去年我在中国工作。 ② 我喜欢吃中国菜。

中午 zhōngwǔ *n.* noon	【例】我们今天中午去饭店吃饭。
住 zhù *v.* live	【配】住几天，住在这儿 【例】① 我去朋友家住两天。 ② 你现在住在哪儿？
桌子 zhuōzi *n.* desk, table	【配】一张（*m.*）桌子 【例】我们教室有三十张桌子。
字 zì *n.* character	【配】汉字，写字，一个字 【例】他写了二十个汉字。
昨天 zuótiān *n.* yesterday	【例】① 昨天我没看见卡尔。 ② 他昨天没来上课。

坐 zuò *v.* sit	【配】请坐 【例】① A：王老师好！ B：你好，请坐。 ② 大家都坐下吧。 【扩】坐车 (zuòchē; by bus/car)
做 zuò *v.* do	【配】做作业（zuòyè; homework），做饭 【例】① 她在做作业。 ② 你会做饭吗？

附录

附表 1：重组默认词

	重组默认词		大纲词
1	八月	Bāyuè	八 月
2	茶杯	chábēi	茶 杯子
3	吃饭	chīfàn	吃 米饭
4	打车	dǎchē	打电话 出租车
5	大学	dàxué	大 学校
6	电影院	diànyǐngyuàn	电影 医院
7	汉字	Hànzì	汉语 字
8	后天	hòutiān	后面 今天
9	回来	huílái	回 来
10	回去	huíqù	回 去
11	今年	jīnnián	今天 年
12	开车	kāichē	开 出租车
13	里面	lǐmiàn	里 前面
14	明年	míngnián	明天 年
15	那里	nàlǐ	那 里
16	你们	nǐmen	你 我们
17	上面	shàngmiàn	上 后面
18	书店	shūdiàn	书 商店
19	他们	tāmen	他 我们

20	听见	tīngjiàn	听 看见
21	午饭	wǔfàn	中午 米饭
22	下面	xiàmiàn	下 后面
23	星期一	xīngqīyī	星期 一
24	学车	xué chē	学习 出租车
25	一些	yìxiē	一 些
26	有点儿	yǒudiǎnr	有 一点儿
27	这儿	zhèr	这 哪儿
28	住院	zhùyuàn	住 医院
29	坐车	zuò chē	坐 出租车
30	做饭	zuò fàn	做 米饭

附表2：减字默认词

	重组默认词		大纲词
1	杯	bēi	杯子
2	客气	kèqi	不客气
3	车	chē	出租车
4	打	dǎ	打电话
5	点儿	diǎnr	一点儿
6	电话	diànhuà	打电话
7	店	diàn	商店
8	分	fēn	分钟
9	饭	fàn	米饭
10	后	hòu	后面

11	见	jiàn	看见
12	没	méi	没有
13	前	qián	前面
14	时	shí	时候
15	睡	shuì	睡觉
16	天	tiān	今天
17	学	xué	学习
18	雨	yǔ	下雨

附表3：特例词

	特例词		说明
1	北京大学	Běijīng Dàxué	单位组织名
2	李老师	Lǐ lǎoshī	称呼
3	李明	Lǐ Míng	名字
4	钱先生	Qián xiānsheng	称呼
5	王医生	Wáng yīshēng	称呼
6	小李	Xiǎo Lǐ	称呼
7	小明	Xiǎomíng	名字
8	小王	Xiǎo Wáng	称呼
9	小月	Xiǎoyuè	名字
10	谢小姐	Xiè xiǎojiě	称呼

HSK
词汇突破

• 2级词汇 •

B

吧 ba *part.*	【例】① 你是韩国人（Hánguórén; Korean）吧？我认识很多韩国朋友呢。 ② 明天我想去游泳，一起去吧！
白 bái *adj.* white	【配】白色 【例】① 艾米喜欢白色。 ② 她有很多白色的衣服。
百 bǎi *num.* hundred	【配】一百 【例】① 我学了一百多个汉字了。 ② 一年有三百六十五天。
帮助 bāngzhù *v.* help	【例】① 你能帮助我学习汉语吗？ ② 昨天是他帮助我找到这本书的。 ③ 小王很喜欢帮助同学。

报纸
bàozhǐ
n. newspaper

【配】看报纸，买报纸，一份（*m.*）报纸
【例】① 爷爷（yéye; grandfather）在看报纸，你们出去玩儿吧。
② 爸爸每天买一份报纸。

比
bǐ
prep. than

【例】① 今天比昨天热。
② 姐姐比妹妹大六岁。
③ 苹果比西瓜贵。

别
bié
adv. don't

【例】① 别去打篮球了，快要下雨了。
② 别走，等等我！
③ 你别穿这件衣服了，不太好看。

宾馆
bīnguǎn
n. hotel

【配】住宾馆，一家宾馆
【例】① 他在宾馆住了两天。
② 哪家宾馆比较好？
【扩】茶馆 (cháguǎn; teahouse)
咖啡馆 (kāfēiguǎn; coffee house)
旅馆 (lǚguǎn; hotel)

C

长 cháng *adj.* long	【配】很长，长时间 【例】① 这件衣服太长了，她不能穿。 ② 我学汉语的时间不长。
唱歌 chànggē *v.* sing	【配】喜欢唱歌，爱唱歌 【例】① 她非常喜欢唱歌，一个人的时候也唱。 ② 我们班他唱歌最好听。 ③ 我会唱歌，但唱得不太好。
出 chū *v.* go out	【配】出来，出去，出门 【例】① 你出来一下吧，老师有事找你。 ② 你已经学了两个小时了，出去玩儿玩儿吧。 ③ 我看见他从教室走出来了。 【扩】出院 [chūyuàn; (of a patient) leave hospital]

穿 chuān *v.* wear	【配】穿衣服 【例】① 那个穿红色衣服的女生是我同学。 ② 你看见他了吗？他穿着一件黑色的衣服。 ③ 她今天穿得很漂亮。
次 cì *m.* time	【配】第一次，每次，几次 【例】① 这是我第一次来中国。 ② 他每次上课都回答老师的问题。 ③ 你来西安几次了？
从 cóng *prep.* from	【配】从上海到北京，从明天开始 【例】① 从我家到学校很近。 ② 他昨天从韩国回来了。 ③ 从明天开始，我每天早上七点起床。

错 cuò *adj.* wrong	【配】写错，看错，错题 【例】① 这个字写错了，你再看看书。 ② 对不起，我认错人了，不好意思。 【扩】不错 (búcuò; correct, not bad)

D

打篮球 dǎ lánqiú play basketball	【例】① 我最喜欢打篮球。 ② 天晴了，我们去打篮球吧!
大家 dàjiā *pron.* everyone	【例】① 大家都去哪儿了? ② 大家都坐下吧，现在开始开会。
到 dào *v.* arrive, reach	【例】① 到了英国（Yīngguó; Britain）给我打电话。 ② 去年我到过桂林一次，那里很漂亮。

得 de *part.*	【例】① 你唱得太好了，再唱一个吧。 ② 我昨天睡得很晚，所以今天起晚了。 ③ 你的汉字写得很漂亮。
等 děng *v.* wait	【配】等等，等一下，等人 【例】① 我们在这儿等等他吧。 ② 请等一下，我有件事要问你。 ③ 你在等人吗？
弟弟 dìdi *n.* younger brother	【例】① 我弟弟今年十岁了，在上小学（xiǎoxué; elementary school）。 ② 这是我弟弟的房间。
第一 dì-yī *num.* first	【配】第一次，第一个，第一名 【例】① 这是我第一次出国（chūguó; go abroad）。 ② 下课了，王欢是第一个走出教室的。 ③ 他每次考试都考第一名。

懂 dǒng *v.* understand	【配】听懂，不懂 【例】① 我已经说完了，你听懂了吗？ ② 你看不懂就去问老师。 ③ 他不懂我的意思。
对 duì *prep./adj.* to, towards; right, correct	【配】对我，对这件事，对错 【例】①我有事情要对你说。 ② 坐车的时候看书，对眼睛不好。 ③你说得对。

F

房间 fángjiān *n.* room	【配】他的房间，房间里，两个房间 【例】① 这是谁的房间？ ② 房间里的电脑是我朋友的。 ③ 这儿还有两个房间。 【扩】房子 (fángzi; house, building)

非常
fēicháng
adv. very

【配】非常远，非常贵，非常喜欢
【例】① 北京大学离这儿非常远，你坐车去吧。
② 那家（*m.*）超市的牛奶和羊肉非常贵，你去别的超市吧。
③ 弟弟非常喜欢打篮球。

服务员
fúwùyuán
n. attendant

【配】一位服务员
【例】① 他的姐姐是服务员。
② 这家饭店的服务员很好。

G

高
gāo
adj. tall

【配】真高，不高
【例】① 妹妹比姐姐高。
② 你看，右边那个男生真高！

告诉
gàosu
v. tell

【例】① 不要问了，我不会告诉你的。
② 你告诉她我在公司门口（ménkǒu; entrance）等她。
③ 他告诉过我那本书的名字。

哥哥
gēge
n. elder brother

【例】① 他的哥哥已经找到工作了。
② 哥哥的女朋友非常漂亮。

给
gěi
v. give

【例】① 哥哥给了我一块手表。
② 这本书是姐姐给你的。
③ 天气太热了，请给我一杯水喝。

公共汽车
gōnggòng qìchē
bus

【配】坐公共汽车，等公共汽车，一辆（*m.*）公共汽车
【例】① 我不喜欢坐公共汽车，因为人太多了。
② 他每天坐公共汽车上班。
③ 我在这儿等公共汽车，已经等了十多分钟了。

公司
gōngsī
n. company

【配】一家公司，大公司
【例】① 我在这家公司工作五年了。
② 爸爸的公司在中国，所以他现在住在中国。
③ 这家公司不大。

贵 guì *adj.* expensive	【配】很贵，不贵 【例】① 我觉得这个手机太贵了，别买了。 ② 这辆（*m.*）自行车不贵，颜色也很漂亮。
过 guo *part.*	【例】① 我十岁的时候去过泰山（Tài Shān; Mount Tai）。 ② 我没去过他家，不知道他家在哪儿，你问问小王吧。 ③ 我已经打过电话了。

H

还 hái *adv.* still	【例】① 我想买苹果，还想买香蕉。 ② 我们去了故宫（Gùgōng; the Imperial Palace），还去了颐和园（Yíhé Yuán; the Summer Palace）。 ③ 十二点了，他还在学习。

孩子 háizi *n.* child	【配】小孩子，男 / 女孩子 【例】① 我很喜欢三四岁的小孩子。 ② 这个女孩子真可爱（kě'ài; lovely）！
好吃 hǎochī *adj.* delicious	【配】很好吃，不好吃 【例】① 你昨天买的西瓜很好吃，下次我们再去那家超市买。 ② 你觉得哪家饭店做的菜好吃？
黑 hēi *adj.* black	【配】很黑 【例】① 他的头发（tóufa; hair）很黑。 ② 天黑了，你快回家吧。
红 hóng *adj.* red	【配】脸红，红苹果 【例】① 她的脸（liǎn; face）红了。 ② 她刚吃了一个红苹果。
火车站 huǒchēzhàn *n.* train station	【配】在火车站 【例】① 我现在在北京火车站。 ② 火车站前面有家大超市。

J

机场 jīchǎng *n.* airport	【配】去机场，在机场 【例】① 明天早上我要去机场送朋友，所以不能去上课了。 ② 他已经在机场等了一个小时了。
鸡蛋 jīdàn *n.* egg	【配】买鸡蛋，一斤鸡蛋 【例】① 我昨天在超市买了三斤鸡蛋。 ② 现在鸡蛋多少钱一斤?
件 jiàn *m.* piece	【配】一件事，两件衣服 【例】① 这件事妈妈不知道，我们要不要告诉她? ② 玛丽非常喜欢买衣服，昨天又买了三件。
教室 jiàoshì *n.* classroom	【配】教室里，一间（*m.*）教室 【例】① 小华在教室里看书呢。 ② 这儿有间大教室，里面没人。 ③ A：请问，去第二教室怎么走? B：前面那个就是。

姐姐 jiějie *n.* elder sister	【例】① 你好，我是你姐姐的朋友。 ② 姐姐的电脑坏（huài; broken）了。
介绍 jièshào *v.* introduce	【配】介绍一下，自我介绍（zìwǒ jièshào; introduce oneself） 【例】① 介绍一下你的新朋友吧。 ② 每个同学都要做自我介绍。
进 jìn *v.* enter	【配】进来，走进去 【例】① 进来吧，门没关。 ② 我看见他走进教室了。 【扩】进站（jìnzhàn; draw up at a station）
近 jìn *adj.* close, near	【配】很近，不太近 【例】① 公司离我家很近。 ② 找个离这儿近的饭店吧。 ③ 学校离我家不太近，我每天坐公共汽车上学。

就 jiù *adv.* at once, already	【例】① 我们明天就去火车站买票。 ② 我星期三就到北京了。
觉得 juéde *v.* feel, think	【例】① 你觉得我做的菜怎么样? ② 他觉得这儿的咖啡不好喝。

K

咖啡 kāfēi *n.* coffee	【配】喝咖啡，一杯咖啡，热咖啡 【例】① 她喜欢每天下午喝一杯咖啡。 ② 你喝不喝热咖啡?
开始 kāishǐ *v.* begin, start	【配】开始工作，从今天开始 【例】① 晚会要开始了，快走吧。 ② 他每天九点开始工作。 ③ 从今天开始，我要好好学游泳。

考试
kǎoshì
v. test

【配】汉语考试，考试题

【例】① 大家都不喜欢考试。

② 这次汉语考试很难（nán; difficult），我有很多题都不会。

可能
kěnéng
v. probably, maybe

【例】① A：小林认识那边穿红衣服的人吗？

B：她可能认识。

② 现在十一点多了，他可能在睡觉。

③ 我可能不回家吃饭了，你们别等我了。

可以
kěyǐ
v. can, may

【配】不可以

【例】① 今天看不完，你可以明天再看。

② A：我可以看看你这本书吗？

B：当然（dāngrán; of course）可以。

③ 中国朋友说汉语，我可以听懂。

课 kè *n.* class, lesson	【配】一节（*m.*）课，篮球课，上课 【例】① 我们上午有两节篮球课。 ② 下课了，休息休息吧。 ③ 老师正在上课，下课后再给他打电话吧。
快 kuài *adj.* fast, quick	【配】说得快，跑得快 【例】① 她说汉语说得太快，我听不懂。 ② 他跑得真快，这次又是第一。
快乐 kuàilè *adj.* happy	【配】很快乐，不快乐，快乐的孩子 【例】① 他每天都很快乐，我们都喜欢和他一起玩儿。 ② 妹妹是一个快乐的孩子。

L

累 lèi *adj.* tired	【配】很累，不累 【例】① 我累了，想去睡觉了。 ② 你已经工作了一天了，累不累啊？

离 lí *v.* be away from	【配】离得远 【例】① 请问，北京大学离这儿远吗？ ② 我们的教室离图书馆很近。
两 liǎng *num.* two	【配】两个月，两千块，两次 【例】① 我两个月没看见他了，他去哪儿了？ ② 这块手表两千元，是一个朋友送给我的。 ③ 我去过北京两次。
零 líng *num.* zero	【例】现在是三点零五分。
路 lù *n.* road	【配】走路，路边，路上 【例】① 从这儿到学校，走路要十分钟。 ② 路两边有很多花儿（huār; flower）。 ③ 我现在在路上，有事回家再说吧。

旅游
lǚyóu
v. travel

【配】喜欢旅游，去旅游

【例】① 你喜欢旅游吗？
② 我们下周（xiàzhōu; next week）一起去苏州旅游，好吗？
③ 他现在在哈尔滨旅游，七天后回来。

M

卖
mài
v. sell

【配】卖东西，卖完

【例】① 那边卖什么东西呢？我们去看看吧。
② A：请问，苹果怎么卖？
B：四块五一斤。
③ 超市里的西瓜卖完了。

慢
màn
adj. slow

【配】走得慢

【例】① 你走得真慢，火车要开了。
② 她开车很慢。

忙 máng *adj.* busy	【配】非常忙，不忙 【例】① 我上个月很忙，这个月不太忙了。 ② 你明天忙不忙？我们去看电影吧。
每 měi *pron.* every, each	【配】每月，每次，每个人 【例】① 他每星期给家里打一次电话。 ② 我每天六点起床。 ③ 在这里，每个人都喜欢喝茶。
妹妹 mèimei *n.* younger sister	【例】① 张华的妹妹给你打电话了。 ② 这是我妹妹的书，不是我的。
门 mén *n.* door	【配】开门，出门，门外 【例】① 让我来开门吧！ ② 她已经出门了。 ③ 门外有一个人，你认识吗？

面条儿 miàntiáor *n.* noodle	【配】一碗（*m.*）面条儿，吃面条儿 【例】① 晚上我们吃什么？还是吃面条儿？ ② A：您想吃点什么？ B：来碗面条儿。

N

男 nán *adj.* man, male	【配】男老师，男朋友，一个男学生 【例】① 这个医院有很多男医生。 ② 她的男朋友是老师。 ③ 那个男的是谁？
您 nín *pron.* (honour) you	【例】① 您在哪儿下车？ ② 您是刘老师吧？
牛奶 niúnǎi *n.* milk	【配】喝牛奶，两杯牛奶 【例】① 他每天早上喝一杯牛奶。 ② 喝牛奶对身体很好。 【扩】奶茶 (nǎichá; milk tea)

女 nǚ *adj.* woman, female	【配】女医生，女孩子，女朋友 【例】① 那个穿红衣服的女孩是她女儿。 ② 他很爱他的女朋友。 ③ 我不认识那个女的。

P

旁边 pángbiān *n.* side	【配】桌子旁边，医院旁边，他旁边 【例】① 医院旁边有家商店。 ② 上课的时候，我坐在他旁边。
跑步 pǎobù *v.* run	【例】① 他每天早上六点起床跑步。 ② 你认识那个正在跑步的人吗？
便宜 piányi *adj.* cheap	【配】不便宜，很便宜 【例】① 他买了一张很便宜的电影票。 ② 我觉得这件衣服不便宜。

票 piào *n.* ticket	【配】飞机票，电影票，两张票 【例】① 你后天回国，怎么还不买机票？ ② 我这儿有两张电影票，你们去看电影吧。

Q

妻子 qīzi *n.* wife	【例】① 我来介绍一下，这位是我的妻子。 ② 这块手表是我送给妻子的。
起床 qǐchuáng *v.* get up	【例】① 起床吧，现在已经是中午十二点了。 ② 你每天几点起床？
千 qiān *num.* thousand	【配】一千 【例】① 我们学校有五千人。 ② 今天来了一千多人。

铅笔
qiānbǐ
n. pencil

【配】一支铅笔，用铅笔

【例】① 这支铅笔不是你的吗？
② 请在这儿用铅笔写上你的名字。

晴
qíng
adj. sunny

【配】晴天

【例】① 天晴了，我们去海边（hǎibiān; seaside）吧！
② 这两天都是阴天，明天就是晴天了。

去年
qùnián
n. last year

【例】① 我是去年来中国的。
② 去年你在哪儿学习汉语？

R

让
ràng
v. let

【例】① 不好意思，让你等了这么长时间。
② 医生让我每天吃三次药。
③ 你让他进来吧，外面太冷了。

日 rì *m.* day	【配】十日，多日不见 【例】① 她来中国已十多日了。 ② 多日不见，你还好吗？

S

上班 shàngbān *v.* go to work	【配】在上班，去上班 【例】① 你在哪家公司上班？ ② 他正在上班，别给他打电话了。 ③ 她去上班了，不在家。 【扩】下班（xiàbān; get off work）
身体 shēntǐ *n.* body, health	【配】身体很好，注意（zhùyì; take care of）身体 【例】① 她最近（zuìjìn; recently）身体怎么样？ ② 天气冷了，注意身体啊！

生病 shēngbìng *v.* fall ill	【例】① 卡尔生病了，不能和你一起去看电影了。 ② 我朋友生病了，他一天没吃东西了。 【扩】病人 (bìngrén; patient)
生日 shēngrì *n.* birthday	【配】我的生日，生日晚会（wǎnhuì; party） 【例】① 下星期六是我的生日。 ② 欢迎你来参加我的生日晚会。 ③ 生日快乐！这是我送你的礼物（lǐwù; gift）。
时间 shíjiān *n.* time	【配】没（有）时间，很长时间 【例】① 我现在非常忙，没有时间，你明天再来吧。 ② 你在这儿工作多长时间了？
事情 shìqing *n.* thing, matter	【配】一件事情，有事情，什么事情 【例】① 你有什么事情要告诉我吗？ ② 她因为工作上的事情不高兴。

手表 shǒubiǎo *n.* wrist watch	【配】戴（dài; wear）手表，一块手表 【例】① 这是我从法国（Fǎguó; France）买的手表。 ② 他每天都戴着女朋友送的手表。
手机 shǒujī *n.* cellphone	【配】新手机，买手机，一部（*m.*）手机 【例】① 这个白色手机不贵，还很好看。 ② 这部手机是他送给我的。 ③ 昨天下午，她没去买手机。
说话 shuōhuà *v.* speak, talk	【例】① 他女儿今年一岁，不会说话。 ② 我现在不想说话。
送 sòng *v.* give as a present, see sb off, deliver	【配】送她回家 【例】① 下周一是妈妈的生日，我想送她一件漂亮的衣服。 ② 现在太晚了，我送你回去。 ③ 这是李小姐送来的机票。

虽然……但是…… suīrán… dànshì… though..., ...but...	【例】① 虽然今天很累，但是我很高兴。 ② 这个菜虽然很贵，但是很好吃。 ③ 汉语虽然有点难，但是我很喜欢。

T

它 tā *pron.* it	【例】① 这是我家的猫，它的名字叫小白。 ② 不好的事情就让它过去（guòqu; pass away）吧。
踢足球 tī zúqiú play soccer	【例】① 我们班没和中级 B 班踢过足球。 ② 迈克尔喜欢踢足球，但是我喜欢打篮球。 ③ 我踢了一下午足球，真累啊！

题
tí
n. question

【配】一道（*m.*）题，第三题

【例】① 这道题我做错了。
② 第五题太难了，我不知道怎么做。

跳舞
tiàowǔ
v. dance

【配】喜欢跳舞，学跳舞，跟……一起跳舞

【例】① 我很喜欢跳舞，但是跳得不好。
② 我生日那天，我和他一起跳舞了。
③ 他们跳完舞就去休息了。

W

外
wài
n. outside

【配】门外，教室外

【例】① 门外有个人找你。
② 学校外有一家不错的咖啡馆。

【扩】外面 (wàimiàn; exterior, outside)

完 wán *v.* finish	【配】看完，唱完歌 【例】① 你打完篮球去哪儿吃饭？ ② 你看完报纸，给我看看吧。
玩 wán *v.* play	【配】玩电脑 【例】① 他现在很忙，没有玩儿的时间。 ② 孩子们都出去玩儿了。 ③ 弟弟很喜欢玩电脑。
晚上 wǎnshang *n.* evening, night	【配】每天晚上，明天晚上 【例】① 你们每天晚上在哪儿吃饭？ ② 我是今天晚上八点到的。 【扩】晚饭 (wǎnfàn; dinner)
往 wǎng *prep.* to, toward	【配】往北，开往上海 【例】① 你一直往东走，就能找到北京大学了。 ② 这趟车是开往广州的。
为什么 wèishénme why	【例】① 她为什么没来？ ② 你为什么不想去外面吃饭？

问 wèn *v.* ask	【配】问路，问老师，问问题 【例】① 请问，去中国人民大学怎么走？ ② 这个汉字我也不认识，你去问问老师吧。 ③ 我想问你一个问题。
问题 wèntí *n.* question, problem	【配】一个问题，什么问题，有问题 【例】① 学习时有什么问题，可以来问我。 ② 我有很多问题要问老师。

X

西瓜 xīguā *n.* watermelon	【配】三个西瓜 【例】① 这个大西瓜真甜（tián; sweet）啊！ ② 你昨天买了几个西瓜？
希望 xīwàng *v.* hope	【例】① 我希望明天是个晴天。 ② 后天是我生日，希望你能来。 ③ 希望每个人都快乐。

洗 xǐ *v.* wash	【配】洗衣服，洗水果，洗手 【例】① 你下午洗不洗衣服？ ② 你去洗洗这个苹果吧。
小时 xiǎoshí *n.* hour	【配】一个半小时，几个小时 【例】① 两个小时后我在火车站等你。 ② 我每天运动一小时。
笑 xiào *v.* smile, laugh	【配】大笑 【例】① 丈夫笑着说：“今天晚上我做饭，你休息。” ② 他笑了笑，没说什么就走了。
新 xīn *adj.* new	【配】新手表，新老师 【例】① 这个篮球是新的，我昨天买的。 ② 你喜欢我们的新老师吗？
姓 xìng *v./n.* be surnamed; surname	【配】姓王 【例】① A：你姓（*v.*）什么？ B：我姓（*v.*）林。 ② 中国人的姓（*n.*）在名字的前面，但是有些外国人的姓（*n.*）在名字的后面。

休息
xiūxi
v. take a rest

【配】休息一下，休息一会儿（yíhuìr; a little while）

【例】① 她每天中午休息半小时。
② 休息一下吧，你已经学了三个小时了。
③ 今天不忙，多休息一会儿吧。

雪
xuě
n. snow

【配】下雪，大雪，一场雪

【例】① 去年冬天下了两场大雪。
② 下完雪以后，我喜欢出去堆雪人（duī xuěrén; make a snowman）。

Y

颜色
yánsè
n. colour

【配】红颜色

【例】① 你最喜欢什么颜色？
② 你的新电脑是什么颜色的？

眼睛
yǎnjing
n. eye

【配】大眼睛，一双（*m.*）眼睛，黑眼睛

【例】① 她有一双漂亮的眼睛。
② 你眼睛怎么了？

羊肉 yángròu *n.* mutton	【配】吃羊肉，买羊肉 【例】① 这次买的羊肉不好吃。 ② 羊肉比牛肉（niúròu; beef）贵。 【扩】鸡肉 (jīròu; chicken)
药 yào *n.* medicine	【配】吃药，中药（zhōngyào; traditional Chinese medicine） 【例】① 你今天吃过药了吗？ ② 医生说这药一天吃两次。
要 yào *v.* must, shall	【例】① 这周末 (zhōumò; weekend) 我要去买自行车，希望不要下雨。 ② 小李今天没来，他上午要考试。
也 yě *adv.* also, too	【例】① 我会说汉语，也会说法语。 ② 我也有一辆这样的自行车。

一下 yíxià one time, once	【配】试一下，说一下，看一下 【例】① 我来说一下这个句子。 ② 请你写一下这个汉字。 ③ 我们一起听一下吧。
已经 yǐjīng *adv.* already	【例】① 他已经去学校了，你没看见他吗？ ② 我已经见过王老师了。
一起 yìqǐ *adv.* together	【配】一起唱歌，一起上课 【例】① 周末我们一起上汉语课。 ② 他们一起去火车站了。
意思 yìsi *n.* meaning	【配】什么意思 【例】① 这个字的意思是什么？ ② 我不明白（míngbai; understand）你的意思。
因为……所以…… yīnwèi… suǒyǐ… because..., ... so...	【例】① 因为明天有考试，所以哥哥这么晚了还在看书。 ② 因为我喜欢中国文化，所以来中国学汉语。 ③ 他因为没有买到票，所以不回家了。

阴 yīn *adj.* cloudy	【配】阴天 【例】① 天有点儿阴，可能要下雨。 ② 今天阴天，你别去爬（pá; climb）山了。
游泳 yóuyǒng *v.* swim	【配】去游泳，学游泳 【例】① 今天天气不错，我们去游泳吧。 ② 他们三点开始游泳，已经游了四十分钟了。
右边 yòubian *n.* the right side	【配】椅子右边 【例】① 坐在右边的是小张的姐姐。 ② 椅子右边有一张（*m.*）桌子。
鱼 yú *n.* fish	【配】小鱼，一条（*m.*）鱼，吃鱼 【例】① 这条小鱼真好看！ ② 哥哥非常喜欢吃鱼。
远 yuǎn *adj.* far, distant	【配】非常远，不太远 【例】① 从这儿到机场有多远？ ② 我家离学校不远，坐车二十分钟就到了。

运动
yùndòng
n./v. sports, exercises; take exercise

【配】篮球运动，爱运动，运动员

【例】① 运动对身体很好。
② 乐乐很爱运动。
③ 你每天运动多长时间？

Z

再
zài
adv. again

【例】① 这里的鸡蛋真便宜，再买两斤吧。
② 你再休息半个小时吧，我们是十点的火车。

早上
zǎoshang
n. morning

【配】每天早上

【例】① 我每天早上八点起床。
② 昨天早上我在公司门口看见他了。

【扩】早饭 (zǎofàn; breakfast)

丈夫
zhàngfu
n. husband

【例】① 小张的丈夫是个老师。
② 这本书是我丈夫送给我的。

找 zhǎo *v.* look for	【配】找东西，找人 【例】① 我家就在沃尔玛（Wò'ěrmǎ; Walmart）旁边，很好找。 ② 你再找找，我昨天还看见它在这儿呢。
着 zhe *part.*	【例】① 妹妹笑着对我说："再见！" ② 她唱着歌走进教室。
真 zhēn *adv.* really, truly	【配】真高兴，真好吃，真便宜 【例】① 你们学校真大！ ② 这家商店的东西真便宜！
正在 zhèngzài *adv.* in the process of	【例】① 我给她打电话的时候，她正在洗衣服呢。 ② 爸爸正在睡觉，你们出去玩儿吧。

只 zhī *m.* (for certain animals, paired things, containers, small boats, etc)	【配】一只老虎，一只鞋，一只箱子 【例】① 玛丽家里有两只小狗。 ② 我找不到另一只袜子了。 ③ 这只白色的箱子不是我的。
知道 zhīdào *v.* know	【配】不知道 【例】① 我不知道你的机票在哪儿。 ② 你知道那件红色的衣服是谁的吗？ ③ 你怎么知道我要去北京？
准备 zhǔnbèi *v.* prepare	【配】准备考试，准备一下 【例】① 大家都在准备考试，没有时间出去玩儿。 ② 你准备一下，我们九点走。

走 zǒu *v.* walk, go	【配】走路，别走 【例】① 走路要半个多小时，你坐车去吧。 ② 你别走了，可能要下雨。
最 zuì *adv.* most	【配】最好，最想，最热 【例】① 今天是今年夏天最热的一天。 ② 他最希望能和爸爸一起去旅游。 ③ 王老师是我认识的最好的汉语老师。
左边 zuǒbian *n.* the left side	【配】桌子左边 【例】① 坐在王先生左边的那个人是他的妻子吗？ ② 电视左边有一把椅子。

附录

附表 1：重组默认词

	重组默认词		大纲词
1	白色	báisè	白 颜色
2	病人	bìngrén	生病 人
3	不错	búcuò	不 错
4	茶馆	cháguǎn	茶 宾馆
5	出去	chūqù	出 去
6	出院	chūyuàn	出 医院
7	电视机	diànshìjī	电视 手机
8	房子	fángzi	房间 桌子
9	鸡肉	jīròu	鸡蛋 羊肉
10	进站	jìn zhàn	进 火车站
11	咖啡馆	kāfēiguǎn	咖啡 宾馆
12	旅馆	lǚguǎn	旅游 宾馆
13	那边	nàbiān	那 旁边
14	奶茶	nǎichá	牛奶 茶
15	男孩	nánhái	男 孩子
16	女孩	nǚhái	女儿 孩子
17	上课	shàngkè	上 课
18	它们	tāmen	它 我们
19	外面	wàimiàn	外 后面
20	晚饭	wǎnfàn	晚上 米饭

21	下班	xiàbān	下 上班
22	下雪	xiàxuě	下 雨雪
23	星期日	xīngqīrì	星期 日
24	早饭	zǎofàn	早上 米饭

附表2：减字默认词

	重组默认词		大纲词
1	帮	bāng	帮助
2	笔	bǐ	铅笔
3	表	biǎo	手表
4	唱	chàng	唱歌
5	车站	chēzhàn	火车站
6	但	dàn	虽然……但是……
7	歌	gē	唱歌
8	火车	huǒchē	火车站
9	考	kǎo	考试
10	篮球	lánqiú	打篮球
11	跑	pǎo	跑步
12	汽车	qìchē	公共汽车
13	球	qiú	打篮球
14	肉	ròu	羊肉
15	事	shì	事情
16	手	shǒu	手表
17	踢	tī	踢足球

18	跳	tiào	跳舞
19	晚	wǎn	晚上
20	舞	wǔ	跳舞
21	羊	yáng	羊肉
22	游	yóu	游泳
23	右	yòu	右边
24	早	zǎo	早上
25	正	zhèng	正在
26	纸	zhǐ	报纸
27	足球	zúqiú	踢足球
28	左	zuǒ	左边

附表3：特例词

	特例词		说明
1	《百家姓》	《Bǎijiāxìng》	书名
2	高新	Gāo Xīn	名字
3	乐乐	Lèle	名字
4	李雪	Lǐ Xuě	名字
5	王远	Wáng Yuǎn	名字
6	小白	Xiǎo Bái	称呼
7	小高	Xiǎo Gāo	称呼
8	小红	Xiǎohóng	名字
9	小晴	Xiǎoqíng	名字
10	笑笑	Xiàoxiao	名字
11	谢进	Xiè Jìn	名字

HSK
词汇突破
• 3级词汇 •

A

阿姨 āyí *n.* aunt	【例】① 我的阿姨是医生，在医院工作。 ② 这位阿姨是我朋友的妈妈。
啊 a *interj.*	【例】① 这儿的冬天真冷啊！ ② 她唱得多好啊！ ③ 她的房间真干净啊！
矮 ǎi *adj.* short	【例】① 虽然我比他大两岁，但是比他矮。 ② 这张桌子有点儿矮，换一张吧。 ③ 她比我矮一点儿。
爱好 àihào *n.* hobby	【例】① 你的爱好是什么？ ② 我的爱好是踢足球，他的爱好是听音乐。 ③ 我们的爱好是打太极拳(tàijíquán; *tai chi*)。

安静
ānjìng
adj. quiet

【配】很安静，安静极了，安静的房间

【例】① 图书馆里很安静。
② 这里安静极了。
③ 她是一个安静的女孩，很爱看书。

B

把
bǎ
prep.

【例】① 把门关上，可以吗？
② 请把椅子搬过来。
③ 我把手机放在包里了。

班
bān
n. class

【配】一班，三个班

【例】① 我在中级一班，我的好朋友在二班。
② 我们学校一共有六个汉语班。

搬 bān *v.* move	【配】搬家，搬桌子，搬进来 【例】① 我下个月搬家，你能来帮我吗？ ② 搬一下这把椅子，你坐在这边。 ③ 你把椅子搬进来吧。
办法 bànfǎ *n.* way, measure	【配】好办法，想办法，没办法 【例】① 我有一个办法，你听听怎么样。 ② 你想想办法吧，我不知道怎么办了。 ③ 没办法，我必须每天五点起床。
办公室 bàngōngshì *n.* office	【配】一间办公室 【例】① 王老师不在办公室，他去上课了。 ② 他们的办公室很大，而且很干净。

半
bàn
num. half

【配】半斤，半节课，半天

【例】① 这条鱼三斤半，一共是二十五块。
② 我们已经上了半节课了，他才来。
③ 我等了他半天了，他还不来。

帮忙
bāngmáng
v. help

【配】帮个忙，帮他的忙

【例】① 你有事就找他，他一定会帮忙的。
② 我想请你帮个忙。
③ 你一定要帮他的忙。

包
bāo
n. bag

【配】书包，钱包

【例】① 我把包放在桌子上了。
② 你在找那个黑色的钱包吗？
③ 你的包里面是什么？

饱
bǎo
adj. full

【配】吃饱

【例】① 我已经饱了，不能再吃了。
② 你一定要吃饱啊，别客气。

北方 běifāng *n.* north	【配】北方人，从北方来 【例】① 我爸爸是北方人，妈妈是南方人。 ② 他是从北方来的。
被 bèi *prep.*	【例】① 我昨天买的西瓜被他们吃完了。 ② 杯子被弟弟打破了。 ③ 蛋糕被我吃了一半。
鼻子 bízi *n.* nose	【例】① 他的鼻子破了。 ② 他有一个很漂亮的鼻子。
比较 bǐjiào *adv.* fairly, rather	【配】比较便宜，比较喜欢 【例】① 在汉语学习中，汉字是比较难学的。 ② 我比较喜欢骑自行车去学校。
比赛 bǐsài *n.* match	【配】足球比赛，两场比赛，参加比赛 【例】① 她参加了上一次的唱歌比赛。 ② 这次游泳比赛她得了第一名。 ③ 下午还有一场比赛。

笔记本 bǐjìběn *n.* notebook	【配】一个笔记本，漂亮的笔记本 【例】我刚刚买了几个笔记本。 【扩】笔记本电脑（bǐjìběn diànnǎo; laptop computer）
必须 bìxū *adv.* must, have to	【例】① 大家必须一起努力。 ② 考试之前必须做好准备。 ③ 明天你必须来，因为你是班长。
变化 biànhuà *n./v.* change	【配】发生变化，没有变化，变化很快 【例】① 这里发生了很大的变化。 ② 两年不见，她变化太大了。 ③ 中国这几年变化很快。
别人 biérén *pron.* others	【例】① 除了我，别人都不知道这件事。 ② 这是别人的事，和你没关系。
冰箱 bīngxiāng *n.* refrigerator	【配】一个冰箱 【例】① 这个冰箱比那个冰箱好多了。 ② 我买了一个新冰箱。

不但……而且…… búdàn… érqiě… not only..., but also...	【例】① 这件衣服不但漂亮，而且便宜。 ② 这次旅游我不但吃到了好吃的中国菜，而且认识了许多新朋友。

C

菜单 càidān *n.* menu	【配】看菜单，一份菜单 【例】① 这个饭店的菜单是用英文写的。 ② 你看一下菜单，喜欢吃什么就点（diǎn; order）什么。 【扩】名单（míngdān; name list）
参加 cānjiā *v.* join, attend	【配】参加活动，参加比赛，参加晚会 【例】① 这次参加比赛的人不太多。 ② 你去参加明天晚上的新年晚会吗？

草 cǎo *n.* grass	【配】小草，草地，吃草 【例】① 春天来了，小草都绿了。 ② 学校后面有一片（*m.*）草地。 ③ 羊在山上吃草。
层 céng *m.* floor	【配】第二层，八层楼 【例】① 你住几层啊？ ② 这栋（*m.*）楼一共有二十层。
差 chà *adj./v.* bad; be less than	【配】差不多 【例】① 他们学汉语的时间一样长，但是水平差（*adj.*）很多。 ② 这两种颜色差（*adj.*）不多，都很好看。 ③ A：现在几点了？ B：差（*v.*）五分十一点。
尝 cháng *v.* taste	【配】品尝，尝一尝 【例】① 我哪天能尝一尝你做的菜呀？ ② 这个蛋糕我只尝了一口。 【扩】尝试（chángshì; try）

超市 chāoshì *n.* supermarket	【配】去超市，一家超市 【例】① 妈妈去超市买东西了。 ② 我家前面有一家超市，但是里面的东西很贵。
衬衫 chènshān *n.* shirt	【配】一件衬衫，白衬衫 【例】① 爸爸过生日时，她送给爸爸一件衬衫。 ② 她买了一件红色的衬衫。
成绩 chéngjì *n.* result, grade	【配】好成绩，考试成绩 【例】① 他这次考试成绩不太好，这几天一直都不高兴。 ② 他们上次比赛的成绩非常好，但是这次不好。
城市 chéngshì *n.* city	【配】大城市，一座 / 个城市 【例】① 虽然很多人喜欢大城市，但我还是喜欢小城市。 ② 我来到这个城市以后认识了他。

迟到 chídào *v.* be late	【例】① 你今天怎么又迟到了？ ② 他最近经常迟到，可能是因为晚上睡得太晚。 ③ 从今天开始，每个人都不能迟到。
除了 chúle *prep.* besides, except	【例】① 除了中国，我还去过新加坡和日本。 ② 他回国的事，除了我，大家都不知道。
船 chuán *n.* boat	【配】坐船，上船 【例】① 他是坐船去青岛的。 ② 我们七点三十分上船。
春 chūn *n.* spring	【配】春天，春季 【例】① 和秋天比，我更喜欢春天。 ② 春季是我最喜欢的季节。
词典 cídiǎn *n.* dictionary	【配】一本词典，汉语词典 【例】① 这本英汉词典很好用，简单易懂。 ② 词典上查不到这个词。

聪明
cōngming
adj. clever

【配】很聪明，聪明的学生
【例】① 他很聪明，但是学习不努力。
② 他是一个聪明的学生，而且学习很努力，所以成绩很好。

D

打扫
dǎsǎo
v. clean, sweep

【配】打扫厨房，打扫教室，打扫干净
【例】① 你去打扫一下厨房吧。
② 今天是谁打扫教室？
③ 她每天打扫自己的房间。

打算
dǎsuan
n./v. plan

【例】① 暑假你有什么打算？
② 他打算明天去桂林。
③ 我打算下个月考 HSK 四级。

带
dài
v. take

【配】带来，带走
【例】① 姐姐不愿意带妹妹出去玩儿。
② 我今天没带手机，所以没听到你的电话。
③ 你把护照带来了吗？

担心 dānxīn *v.* worry about	【配】别担心 【例】① 你不接电话，我很担心你。 ② 他担心以后找不到好工作，所以现在学习很努力。 ③ 别担心，一定不会有事的。
蛋糕 dàngāo *n.* cake	【配】一块蛋糕，生日蛋糕，买蛋糕 【例】① 过生日那天，朋友给我买了一个大大的蛋糕。 ② 我下午去蛋糕店，你要一起去吗？
当然 dāngrán *adv.* of course, certainly	【例】① A：我借一下你的自行车，可以吗？ B：当然可以。 ② 我妈妈是中国人，我当然会说汉语了。
地 de *part.*	【例】① 看到女儿，妈妈高兴地笑了。 ② 孩子们都在努力地学习。 ③ 他难过地看着她离开。

灯 dēng *n.* light	【配】台灯（táidēng; lamp），红灯，开 / 关灯 【例】① 红灯的时候要停（tíng; stop）下来。 ② 出门以前一定记得（jìde; remember）关灯。
地方 dìfang *n.* place	【配】什么地方，这个地方 【例】① 你想去什么地方上大学？ ② 我住的地方离这儿不远，我们走着回去吧。 ③ 这个地方我还没来过呢。 【扩】外地 (wàidì; other places)
地铁 dìtiě *n.* subway	【配】坐地铁，地铁站 【例】① 从这儿去天安门，坐地铁要二十分钟。 ② 这儿离地铁站很远，你坐公交车去吧。

地图
dìtú
n. map

【配】中国地图，一张地图

【例】① 你看一下地图就知道怎么走了。
② 我想买一张北京市地图。

电梯
diàntī
n. elevator

【配】坐电梯

【例】① 他的办公室在七楼，我们坐电梯上去吧。
② 大楼里的电梯坏了，他爬楼上来的。

【扩】楼梯 (lóutī; stairway)

电子邮件 diànzǐ yóujiàn e-mail	【配】收（shōu; receive）/ 发（fā; send）电子邮件 【例】① 我给你发电子邮件了，你收到了没有？ ② 用电子邮件联系（liánxì; contact）朋友很方便。 【扩】电子邮箱 (diànzǐ yóuxiāng; e-mail box) 电子词典 (diànzǐ cídiǎn; electronic dictionary) 电子游戏 (diànzǐ yóuxì; video game)
东 dōng *n.* east	【配】东方，东边，向东 【例】① 第三教学楼的东边就是游泳馆（yóuyǒngguǎn; natatorium）。 ② 一直向东走，你会看见一栋红色的大楼，我在一楼等你。 【扩】东北 (dōngběi; northeast)

冬 dōng *n.* winter	【配】冬天，冬季 【例】① 这儿的冬天特别冷，但是很美。 ② 一年四季中，我最不喜欢冬天。
动物 dòngwù *n.* animal	【配】小动物，动物园 【例】① 孩子都喜欢小动物。 ② 我没去过动物园。
短 duǎn *adj.* short	【配】太/很短 【例】① 这条裤子太短了，我不能穿。 ② 我来中国的时间很短，还不太习惯。
段 duàn *m.* paragraph	【配】两段，第一段 【例】① 这篇文章一共有七段。 ② 请读一下课文的第二段。
锻炼 duànliàn *v.* take exercise	【配】锻炼身体 【例】① 我每天锻炼半个小时。 ② 多锻炼才会有一个好的身体。

多么
duōme
adv. how

【配】多么好，多么希望
【例】① 今天天气多么好啊！
② 她多么希望你在这儿多住几天啊！

E

饿
è
adj. hungry

【配】很饿，不饿
【例】① 我饿了，中午我们去哪儿吃饭？
② 我现在不饿，等一会儿再做饭吧。

耳朵
ěrduo
n. ear

【配】两只耳朵
【例】这只小狗的耳朵一只是白色的，一只是黑色的。

F

发
fā
v. deliver, occur

【配】发试卷，发大水
【例】① 过节了，公司给每个人发了两千块钱。
② 最近天气变化很大，所以她又发病了。

发烧 fāshāo *v.* have a fever	【例】① 他今天发烧，不能去上课了。 ② 你发烧了，快去看医生吧。
发现 fāxiàn *v.* find, discover	【配】发现情况，发现问题 【例】① 下车后，我发现手机没了。 ② 到家以后，我才发现钱包在桌子上。
方便 fāngbiàn *adj.* convenient	【配】很方便，不方便 【例】① 我家附近有两家超市，买东西很方便。 ② 这里有地铁站，还有公交车站，方便极了。
放 fàng *v.* release, put	【配】放学，放假（fàngjià; have a holiday） 【例】① 你们几点放学？ ② 你们什么时候放假？ ③ 我把手表放在电脑旁边了。

放心 fàngxīn *v.* set one's mind at rest	【例】① 他笑着对妈妈说："放心吧，我会照顾好自己的。" ② 您放心，我到了北京就给您打电话。
分 fēn *m./v.* minute, cent, point; divide, separate	【配】三点十分，一百分，分蛋糕 【例】① 我们五点十分下课。 ② HSK 三级一共 300 分，180 分通过 (tōngguò; pass) 考试。 ③ 李老师把全班同学分成了六组。
附近 fùjìn *n.* nearby	【例】① 附近有医院吗？ ② 你们公司附近的饭店哪个好些？
复习 fùxí *v.* review	【配】复习功课 【例】① 卡尔在复习，因为明天要考试。 ② 第五课你复习完了吗？

G

干净 gānjìng *adj.* clean	【配】很干净，打扫干净，干干净净 【例】① 房间很干净，不用打扫了。 ② 她已经把教室打扫得干干净净了。
感冒 gǎnmào *v.* catch a cold	【例】① 她这两天感冒了，没有去上班。 ② 我已经感冒一星期了。
感兴趣 gǎn xìngqù be interested in	【配】对……感兴趣 【例】① 我对爬山不感兴趣。 ② 你对跳舞感兴趣吗？ ③ 他选择这个工作是因为对电脑很感兴趣。
刚才 gāngcái *n.* just now	【例】① 你刚才去哪儿了？有一个人来找你。 ② 刚才有人给你打电话。

个子 gèzi *n.* height, size	【配】高个子，个子小 【例】① 他个子不高，但力气很大。 ② 那个大个子男生是玛丽的男朋友。
根据 gēnjù *prep./n.* according to; basis	【配】根据要求，没有根据 【例】① 老师让我们根据课文写句子。 ② 根据老师的要求，我们完成了任务。 ③ 没有根据的话不能乱说（luànshuō; speak carelessly）。
跟 gēn *prep.* with	【例】① 他跟爸爸去中国了。 ② 你跟他坐一起吧。
更 gèng *adv.* more	【例】① 我觉得这件衣服更好看。 ② 希望我们的明天会更好。
公斤 gōngjīn *m.* kilogram	【配】几公斤，多少公斤，一公斤 【例】① 你买了几公斤鸡蛋？ ② 这些苹果有多少公斤？ ③ 羊肉一公斤多少钱？

公园
gōngyuán
n. park

【配】一个公园，去公园
【例】① 我和朋友星期天去公园，你和我们一起去吗？
② 超市旁边有一个公园。
【扩】校园 (xiàoyuán; campus)

故事
gùshi
n. story

【配】讲故事，听故事
【例】① 李老师经常给她的女儿讲故事。
② 我听过这个故事，是小林告诉我的。

刮风
guāfēng
v. wind blowing

【例】① 外面刮风了，你把衣服拿进来吧。
② 今天又刮风了。

关
guān
v. close, turn off

【配】关门，关灯，关上
【例】① 你关上门吧，太冷了。
② 把灯关上吧，我不看书了。

词语	配例
关系 guānxì *n.* relation	【配】关系好 【例】① 我们是朋友关系。 ② 他们的关系非常好。
关心 guānxīn *v.* be concerned with	【配】关心家人 / 朋友 【例】① 你应该多关心关心爸爸和妈妈。 ② 他很关心我。
关于 guānyú *prep.* about, on	【例】① 关于这段历史，还有一个故事。 ② 我想买一本关于旅游的书。
国家 guójiā *n.* country	【配】一个国家 【例】① 这个国家有很多种动物。 ② 我们很爱自己的国家。
过（动） guò *v.* go through, pass, cross	【配】过河，过不去，过日子 【例】① 从这里去他家，要过三座桥。 ② 今天过节，咱们吃点儿好的。

过去 guòqù *n.* past, former times	【例】① 过去，人们上班不用电脑；现在，人们上班离不开电脑。 ② 这是过去的事了，不要再难过了。

H

还是 háishi *conj./adv.* or; still	【例】① 你喝什么，茶还是咖啡？ ② 今天走还是明天走，你来决定。 ③ 五年没见了，李老师还是那么年轻。
害怕 hàipà *v.* be afraid of	【配】害怕动物，害怕骑马 【例】① 你最害怕的是什么？ ② 我害怕骑马。
黑板 hēibǎn *n.* blackboard	【配】一块黑板，在黑板上 【例】① 我们教室有两块黑板。 ② 老师把生字写在黑板上了。

后来 hòulái *n.* later, afterwards	【例】① 他 1 月份来过一次，后来再也没来过了。 ② 他 12 点吃了饭，后来就上课去了。
护照 hùzhào *n.* passport	【例】① 我的护照找不到了。 ② 我看一下你的护照。
花（动） huā *v.* spend (money, time, etc)	【配】花时间，花钱 【例】① 我从学校去天安门花了一个小时。 ② 他花了很多钱去各地旅游。
花（名） huā *n.* flower	【配】一朵花，开花，花园 【例】① 公园里的花真漂亮啊！ ② 春天来了，花都开了。

画 huà *v./n.* draw; painting	【配】画熊猫，画画，一幅（*m.*）/ 张画 【例】① 你画（*v.*）的是什么？熊猫吗？不像。 ② 弟弟很喜欢画（*v.*）画（*n.*），我们都觉得他画（*v.*）得很好。
坏 huài *adj.* bad	【配】很坏，坏人，坏习惯 【例】① 他不是一个坏人。 ② 妹妹有个坏习惯，睡觉前总要吃块儿糖。
欢迎 huānyíng *v.* welcome	【配】欢迎你 【例】① 欢迎您到北京来！ ② 欢迎我们的新同学！
还 huán *v.* return	【配】还书，还钱，把……还给…… 【例】① 你什么时候去图书馆还书？ ② 他已经把钱还给我了。 ③ 我昨天把电脑还给他了。

环境 huánjìng *n.* environment	【配】环境好，安静的环境，保护（bǎohù; protect）环境 【例】① 最近他经常去公园看书，那儿人少，环境好。 ② 请不要大声说话，医院需要一个安静的环境。 ③ 每个人都应该保护环境。
换 huàn *v.* change, exchange	【配】换鞋，换（个）地方 【例】① 这鞋太小了，请给我换双大点儿的。 ② 今天我们换个地方吃饭吧。 ③ 这个手机用了好多年，我想换一个了。
黄河 Huáng Hé *n.* Yellow River	【例】① 黄河经过河南省（shěng; province）。 ② 黄河是中国的第二大河。
回答 huídá *v.* answer	【配】回答问题 【例】① 请回答我的问题。 ② 对不起，这个问题我不能回答。

会议
huìyì
n. meeting

【配】一场会议，重要的会议，参加会议

【例】① 这是一个很重要的会议，不能迟到。
② 下午的那场会议，我不能去参加了。

【扩】会议室 (huìyìshì; meeting room)
开会 (kāihuì; have a meeting)

或者
huòzhě
conj. or

【例】① 你可以给我写信，或者打电话。
② 您叫我王华或者小王都可以。

J

几乎
jīhū
adv. almost

【例】① 这儿的菜，我几乎都吃过。
② 这儿很安静，几乎没有人说话。

机会 jīhuì *n.* chance	【配】好机会，一个机会，比赛机会 【例】① 这是一个很好的机会。 ② 不用难过，这次没有得第一名，下星期还有一次比赛机会呢。
极 jí *adv.* extremely	【配】极重要，害怕极了 【例】① 周末你和我们一起去踢足球？好极了！ ② 明天，会有一场极重要的比赛。 ③ 晚上，她害怕极了，把家里的灯都打开了。
记得 jìde *v.* remember	【例】① 我记得你,去年我们见过面。 ② 我说过这样的话？不记得了。 ③ 我还记得，这本书是你去年三月送给我的。

季节 jìjié *n.* season	【例】① 一年有四个季节：春、夏、秋、冬。 ② 我觉得，春季是一年中最好的季节。 【扩】雨季 (yǔjì; rainy season)
检查 jiǎnchá *v.* check, inspect	【配】认真检查，检查作业 【例】① 问题答完了？再认真地检查一遍（*m.*）吧。 ② 他正在检查你的作业。
简单 jiǎndān *adj.* simple	【配】非常简单，简单的问题，简单的事情 【例】① 这是一个非常简单的问题，我只给你三分钟的时间回答。 ② 工作上，越简单的事情越需要认真去做。

见面 jiànmiàn *v.* meet	【配】见面时间，跟……见面 【例】① 见面时间是下午三点，别忘了。 ② 明天早上七点半，我们在门口见面吧！ ③ 等下班以后，我跟你就在这儿见面。
健康 jiànkāng *adj.* healthy	【配】很健康，身体健康 【例】① 爷爷九十多岁了,还很健康。 ② 祝您身体健康！ ③ 有时间多锻炼，这会让你的身体更健康。
讲 jiǎng *v.* speak, talk	【配】讲话，讲故事，讲课 【例】① 图书馆里,请不要大声讲话。 ② 下一个节目，是张小阳同学为我们讲故事，大家欢迎！ ③ 王老师正在讲课。

教 jiāo *v.* teach	【配】教跳舞，教学生 【例】① 我来介绍一下，这是教我跳舞的李老师。 ② 李老师教学生们画画，学生们都很喜欢他。 ③ 我在学习游泳，老师教得很认真。
角 jiǎo *m.* (for money)	【配】一角，五角 【例】① 西瓜一元五角钱一斤。 ② 这些水果一共十元五角。
脚 jiǎo *n.* foot	【配】一只脚，一双脚，右脚 【例】① 你的左脚怎么了？ ② 今天走了好多路，脚真疼！
接 jiē *v.* meet	【配】接客人 【例】① 下午四点，我要去机场接一个客人。 ② 你准备出发（chūfā; set off）吧，我马上过去接你。

街道 jiēdào *n.* street	【配】一条街道，干净的街道，街道左边 【例】① 街道左边有个超市，我们去那里看看吧。 ② 这是一条很干净的街道，每天都有人打扫。
节目 jiémù *n.* program	【配】电视节目，一个节目，表演节目 【例】① 今晚有什么好看的电视节目？ ② 你打算表演什么节目？
节日 jiérì *n.* festival	【配】一个节日，重要的节日 【例】① 春节，是中国人最重要的一个节日。 ② 在节日里，公司会举办（jǔbàn; hold）很多活动让大家参加。 【扩】电影节 (diànyǐngjié; film festival)

结婚
jiéhūn
v. marry

【配】跟 / 和……结婚

【例】① 我们俩的结婚时间是十月一日，一定要来参加婚礼啊。
② 你愿意和 / 跟我结婚吗？
③ 结婚这么久了，你还不了解我吗？

结束
jiéshù
v. finish

【配】游戏结束，结束比赛

【例】① 游戏结束了，他输（shū; lose）了。
② 有人受伤（shòushāng; be injured）了，我们必须马上结束比赛。
③ 节目八点半开始，十点半结束。

解决
jiějué
v. solve

【配】解决问题，解决办法

【例】① 谢谢你帮我解决了这个问题。
② 别着急，我正在想解决办法呢。

借 jiè *v.* borrow	【配】借书，借字典，借钱 【例】① 您好，我想借本书。 ② 前天，我找小张借了一百块钱。
经常 jīngcháng *adv.* often	【例】① 北京的春天经常刮风。 ② 我们经常一起去公园锻炼。 ③ 他经常迟到，经理很生气。
经过 jīngguò *v.* pass, go by	【例】① 经过大家的讨论，终于做出了决定。 ② 黄河从我的家乡经过。
经理 jīnglǐ *n.* manager	【配】一位经理，年轻的经理 【例】① 她是我们公司最年轻的经理。 ② 我来介绍一下，这位是我们的经理。

久
jiǔ
adj. for a long time

【配】很久，不久
【例】① 让我来给你讲个故事吧："很久以前……"
② 我和他刚认识不久。
③ 没过多久，我就找到了我的钱包。

旧
jiù
adj. old, used

【配】很旧，旧冰箱
【例】① 这衣服已经很旧了，别穿了。
② 把这台旧冰箱放到其他房间去吧！
③ 虽然这是个旧帽子，但是我很喜欢它。

句子
jùzi
n. sentence

【配】一个句子，很长的句子
【例】① 他写了一个很长的句子，我看不懂。
② 这个句子是什么意思？

决定
juédìng
v. decide

【例】① 这事怎么办，你决定吧。
② 你们俩决定结婚了？太好了！

K

可爱 kě'ài *adj*. lovely	【配】很可爱，可爱的熊猫 【例】① 这孩子真可爱！ ② 画里有只很可爱的熊猫。
渴 kě *adj*. thirsty	【配】口渴 【例】① 渴了吗？快喝点儿水。 ② 走了这么久，真渴啊！
刻 kè *m*. quarter	【配】一刻 【例】① 现在三点一刻。 ② 差一刻五点。
客人 kèrén *n*. guest	【配】一位客人，重要的客人 【例】① 我要去机场接一位重要的客人。 ② 这位客人从日本来。 【扩】游客 (yóukè; tourist) 做客 (zuòkè; be a guest)

空调 kōngtiáo *n.* air-conditioner	【配】旧空调，一台空调，开空调 【例】① 这台旧空调已经不能用了。 ② 把空调下面的椅子搬过来吧。 ③ 今天这么冷，别开空调了。
口 kǒu *n.* mouth	【配】口渴 【例】① 我口渴了，有水吗？ ② 请张（zhāng; open）口，让我帮你检查牙齿（yáchǐ; tooth）。
哭 kū *v.* cry	【配】大哭 【例】① 姐姐的孩子还不会说话，饿了只会大哭。 ② 别哭了，哭是不能解决问题的。 ③ 昨天晚上妹妹牙疼，都疼哭了。

裤子
kùzi
n. trousers

【配】一条裤子，旧裤子，穿裤子
【例】① 这条黑裤子已经穿了很多年了，我想去买条新的。
② 今天冷，别穿裙子了，穿裤子吧。

筷子
kuàizi
n. chopsticks

【配】一双筷子，用筷子
【例】① 服务员，请再给我一双筷子，谢谢！
② 来中国以后，我学会了用筷子吃饭。

L

蓝
lán
adj. blue

【配】蓝天，蓝色
【例】① 今天天真蓝！我们一起出去玩吧。
② 这蓝色的伞不是我的，我的是把（*m.*）红伞。

老 lǎo *adj.* aged, old	【配】老同学，老爷爷 【例】① 我们俩是老同学，也是老朋友。 ② 老爷爷，我来帮你拿东西吧。
离开 líkāi *v.* leave	【配】离开家，打算离开，满意地离开 【例】① 他是下午五点离开图书馆的。 ② 来上海玩儿了这么多天，我打算离开了。 ③ 问题解决了，他满意地离开了这里。
礼物 lǐwù *n.* gift	【配】一件礼物，生日礼物，送礼物 【例】① 我想送她一件礼物，可是不知道送什么好。 ② 谢谢你送我的生日礼物，漂亮极了！ ③ 下午我和你一起去买礼物吧！

历史
lìshǐ
n. history

【配】一段历史，中国历史，历史故事

【例】① A：你在看什么？
B：历史书，书里讲了很多中国的历史故事。
② 这段历史，我们一定不能忘记。
③ 昨天的历史作业真难！你做了吗？

脸
liǎn
n. face

【配】一张脸，洗脸，脸上

【例】① 画里有十张脸，你能找到吗？
② 快过来，把脸洗干净。
③ 你在看什么？我的脸上有什么东西吗？

练习
liànxí
v./n. practise; exercise

【配】认真地练习，练习写字，词汇练习

【例】① 学游泳一定要多练习。
② 她正在认真地练习写字呢。
③ 我花了一个小时做拼写练习。

辆 liàng *m.* (for vehicles)	【配】一辆公共汽车 【例】① 这辆车是你的吗？ ② 又来了一辆公共汽车，我们上车吧。
聊天儿 liáotiānr *v.* gab, chat	【配】网络聊天儿 【例】① 我们俩昨天聊天儿聊了一下午。 ② 他很喜欢和人聊天儿。
了解 liǎojiě *v.* understand	【配】非常了解，不了解，了解问题 【例】① 我跟他在一起很久了，我对他很了解。 ② 别着急，我已经了解了你说的问题了。
邻居 línjū *n.* neighbour	【配】老邻居，两个邻居 【例】① 这是老李，我们俩是老邻居了。 ② 我们刚搬到这里，邻居对我们都很热情。

留学 liúxué *v.* study abroad	【配】出国留学，留学海外 【例】① 他明年就要去美国留学了。 ② 他年轻时曾留学法国。
楼 lóu *n./m.* building; floor	【配】高楼，楼下，下楼 【例】① 北京有很多高楼（*n.*）。 ② 我在楼（*n.*）下等你，到了给我打电话。 ③ 我们家住在二楼（*m.*），下楼（*n.*）买东西很方便。 【扩】办公楼 (bàngōnglóu; office building)
绿 lǜ *adj.* green	【配】绿色，绿草地 【例】① 这是她新买的一条绿裙子。 ② 春天来了，小草都绿了。 ③ 我们去那边的绿草地上坐坐吧！

M

马 mǎ *n.* horse	【配】一匹（*m.*）马，马车，白马 【例】① 你有没有坐过马车？ ② 这匹小白马真可爱！它跑得快吗？
马上 mǎshàng *adv.* at once	【例】① 老王已经下飞机了，他马上就到。 ② 快进去吧，节目马上就要开始了。 ③ 饿了吗？晚饭马上就好。
满意 mǎnyì *v.* satisfy	【配】很满意，满意地笑 【例】① 他很聪明，工作又非常认真，经理对他很满意。 ② 听了我的回答，老师满意地笑了。

帽子 màozi *n.* hat	【配】一顶（*m.*）帽子，漂亮的帽子 【例】① 这顶红色的帽子是谁的？ ② 生日的时候，弟弟送了我一顶非常漂亮的帽子。 ③ 小明的帽子被风刮跑了。
米 mǐ *m.* metre	【例】① 往前走 300 米，你就能看到火车站。 ② 我们家离学校只有 20 米。
面包 miànbāo *n.* bread	【配】一个 / 片 / 块面包，吃面包，好吃的面包 【例】① 饱了？再吃一片面包吧。 ② 您做的面包真好吃！
明白 míngbai *v./adj.* understand, know; clear, plain	【配】不明白，听明白 【例】① 你说了这么多，我还是不明白。 ② 这个词的意思高老师讲得很明白了。 ③ 请让我把话说明白。

N

拿 ná *v.* take, hold	【配】拿东西，拿过来，小心地拿 【例】① 你能不能帮我拿个东西？我现在没有时间去拿。 ② 我帮你把信拿过来了。 ③ 妹妹很小心地拿着五个杯子。
奶奶 nǎinai *n.* grand-mother	【例】① 很多老奶奶经常在这个公园里跳舞。 ② 我见过你奶奶的照片。 ③ 王奶奶是一个很热情的人。
南 nán *n.* south	【配】南方，往南走，从南到北 【例】① 王阿姨是南方人。 ② 往南走200米就有一个超市。 ③ 这个图书馆，从南到北有多少米？

难 nán *adj.* difficult, hard	【配】很难，不难 【例】① 这问题太难了，我不会回答。 ② 别担心，这个问题不难解决。 ③ 这么晚，你一个人走，我很难放心啊。
难过 nánguò *adj.* sad	【配】觉得难过，很难过，难过的事 【例】① 听完这个故事，我觉得很难过。 ② 这是一件很让人难过的事情。
年级 niánjí *n.* grade	【配】五年级，几年级 【例】① 他们都是五年级的学生。 ② 你姐姐今年是大学几年级？ 【扩】班级 (bānjí; classes)
年轻 niánqīng *adj.* young	【配】年轻的老师，很年轻 【例】① 他是个很年轻的老师。 ② 她的爸爸看起来很年轻。

鸟
niǎo
n. bird

【配】小鸟，一只鸟
【例】① 快看，树上有一只小鸟。
② 这是什么鸟？真可爱。

努力
nǔlì
adj. hard-working

【配】努力学习，好好努力，非常努力
【例】① 爸爸告诉我们，一定要努力学习。
② 这是一场非常重要的比赛，好好努力吧！

P

爬山
páshān
v. climb mountains

【配】一起爬山
【例】① 星期六我们一起去爬山吧！
② 刘强很喜欢运动，特别是爬山。

盘子
pánzi
n. plate

【配】三个盘子，洗盘子
【例】① 这儿还有三个盘子。
② 你看天上的月亮，真像个大盘子啊！
③ 吃完饭以后，我来洗这些盘子吧。

胖 pàng *adj.* fat	【配】很胖，不胖 【例】① 弟弟很胖，所以他需要经常锻炼减肥（jiǎnféi; lose weight）。 ② 几天不见，你长胖了。
皮鞋 píxié *n.* leather shoes	【配】穿皮鞋，擦皮鞋 【例】① 这双皮鞋很新。 ② 这是一双名牌皮鞋。
啤酒 píjiǔ *n.* beer	【配】一杯啤酒，喝啤酒 【例】① 服务员，给我们上两杯啤酒，谢谢！ ② 你能喝啤酒吗？
瓶子 píngzi *n.* bottle, vase, jar	【配】一个瓶子，瓶子里 【例】① 那个玻璃瓶子里插着鲜花。 ② 请你帮我把这个瓶子装满水。

Q

其实 qíshí *adv.* actually, in fact	【例】① 其实，这个问题不难。 ② 他其实没有给我打过电话。 ③ 他说他很喜欢踢足球，但其实他不会踢。
其他 qítā *pron.* other	【配】其他人，其他东西 【例】① 其他人呢,还有什么要说的? ② 行李箱里除了衣服，还有一些其他东西。 ③ 今天的晚会，除了唱歌、跳舞，还有很多其他节目。
奇怪 qíguài *adj.* strange	【配】很奇怪，觉得奇怪，奇怪的人 【例】① 我记得把钱包放在这儿了，怎么找不到了？真奇怪。 ② 她今天早上五点就起床了，我们都觉得很奇怪。 ③ 他是个很奇怪的人，我们都不知道他每天在想什么。

骑 qí *v.* ride	【配】骑马，骑自行车 【例】① 你有没有骑过马？ ② 我每天骑自行车上班，十多分钟就能到公司，非常方便。
起飞 qǐfēi *v.* (of aircraft) take off	【配】马上起飞 【例】① 飞机 10 点起飞。 ② 他的事业刚起飞。
起来 qǐlái *v.* get up	【例】① 快起来，要迟到了。 ② 我今天要去爬长城，所以 5 点就起来了。
清楚 qīngchu *adj.* clear	【配】看（不）清楚，写（不）清楚 【例】① 黑板上写了什么？我看不清楚。 ② 书上已经写得很清楚了，你看！

请假 qǐngjià *v.* ask for leave	【配】向老师请假，请两天假 【例】① 他因病请假两天。 ② 我跟老板请了一下午假。
秋 qiū *n.* autumn	【配】秋天，秋季 【例】① 秋天到了，树上的叶子（yèzi; leaf）都黄了。 ② 秋季，天气开始变冷，很容易感冒。
裙子 qúnzi *n.* skirt, dress	【配】一条裙子，红裙子，漂亮的裙子 【例】① 今天，姐姐穿了一条新裙子，漂亮极了！ ② A：这裙子好看吗？ B：我更喜欢那条红的。

R

然后 ránhòu *conj.* then, after that	【例】① 我先想想，然后再回答你，可以吗？ ② 下班以后，小王先去了超市，然后去了公园。
热情 rèqíng *adj.* enthusiastic	【配】热情的服务员，对……非常热情 【例】① 她是一位非常热情的服务员。 ② 王阿姨对我们非常热情。
认为 rènwéi *v.* think	【例】① 我认为，明天的会议最好让老张去。 ② 大家都认为你不能这样做。
认真 rènzhēn *adj.* conscientious, serious	【配】认真看书，很认真，认真地想 【例】① 她正在认真地看书呢，不要说话。 ② 妹妹做事很认真。 ③ 回去之后，我要认真地想一想这个问题。

容易
róngyì
adj. easy

【配】不容易，容易的事情
【例】① 要了解一个人不容易。
② 我觉得，游泳是一件很容易的事情。

如果
rúguǒ
conj. if

【配】如果……就……
【例】① 如果明天下雨，我就不去打篮球了。
② 如果还有时间，我就和你一起去超市。
③ 如果有需要，我可以帮助你。

S

伞
sǎn
n. umbrella

【配】一把伞，花伞，打伞
【例】① 这把伞是你的吗？
② 外面不下雨了，不用带伞。
③ 她打着一把小花伞。
【扩】雨伞 (yǔsǎn; umbrella)

上网 shàngwǎng *v.* get online	【例】① 上网时间太长对眼睛不好。 ② 弟弟很喜欢上网玩游戏。 ③ 你已经上了两个小时的网了，休息一会儿吧。
生气 shēngqì *v.* get angry	【配】很 / 不生气，生气极了 【例】① 你放心，我一点儿都不生气。 ② 小明的话让我生气极了。 ③ 爷爷很生气地问："你刚才干什么去了？"
声音 shēngyīn *n.* voice, sound	【配】好听的声音，发出声音 【例】① 她的声音是我听过的最好听的声音。 ② 电视发出了奇怪的声音。
世界 shìjiè *n.* world	【配】世界上，全世界（quánshìjiè; the whole world） 【例】① 世界上有多少种鸟，你知道吗？ ② 南极（nánjí; the South Pole）是全世界最冷的地方吗？ ③ 这个世界很大，我很想到国外去看看，了解这个世界。

试 shì *v.* try	【配】试一下，试吃 【例】① 他正试着自己烤面包呢。 ② 麦克试着用汉语跟中国朋友交流。
瘦 shòu *adj.* thin	【配】很瘦，变瘦 【例】① 你已经很瘦了，不用减肥了。 ② 妹妹很想再变瘦点儿，她觉得这样穿裙子才好看。
叔叔 shūshu *n.* uncle	【例】① 我的叔叔是一名警察。 ② 张叔叔的孩子今年十多岁了，上小学六年级。 ③ 叔叔不在家，他带着孩子去公园玩儿了。
舒服 shūfu *adj.* comfortable	【配】很 / 真舒服，舒服极了 【例】① 运动之后洗个澡，真舒服啊！ ② A：昨晚你睡得怎么样？ B：舒服极了！

树 shù *n.* tree	【配】一棵 (*m.*) 树，树下，苹果树 【例】① 这棵树已经有一百多年的历史了。 ② 这棵树下有很多花和草。 ③ 果园（guǒyuán; orchard）里有好多树，有苹果树，还有桃（táo; peach）树。
数学 shùxué *n.* mathematics	【配】数学书，数学作业，学数学 【例】① 能不能把你的数学书借我看一下？ ② 今天的数学作业我还没有做呢。 ③ 弟弟的数学学得非常好。
刷牙 shuāyá *v.* brush one's teeth	【例】① 睡觉前要刷牙，别忘了啊！ ② 十点多了，刷完牙快睡觉吧！

双 shuāng *m.* pair	【配】一双鞋，一双筷子 【例】① 这双鞋太小了，请给我换一双。 ② 来中国以后，朋友送了我一双非常漂亮的筷子。
水平 shuǐpíng *n.* standard, level	【配】水平高，提高水平 【例】① 她画画的水平很高。 ② 我一定要努力练习，提高自己的跳舞水平。
司机 sījī *n.* driver	【配】火车司机，一位司机 【例】① 叔叔是位火车司机。 ② 这是那位司机的包，里面有他的东西。

T

太阳 tàiyáng *n.* sun	【例】① 雨停了，太阳出来了。 ② 不要站在太阳下看书，对眼睛不好。

特别 tèbié *adv./adj.* especially; special	【配】特别高兴，特别的爱好 【例】① 刘阿姨对我们特别好。 ② 冬冬特别喜欢运动，特别是爬山。 ③ 收藏（shōucáng; collect）纸币 (zhǐbì; currency) 这个爱好很特别。
疼 téng *adj.* ache, pain	【配】不疼，很 / 非常疼 【例】① 别害怕，打针（dǎzhēn; have an injection）一点儿也不疼。 ② 走了这么多路,我的腿很疼。 ③ 吃太多糖会牙疼的。
提高 tígāo *v.* raise	【配】提高成绩，努力提高 【例】① 我一定会好好学习，努力提高自己的学习成绩。 ② 不是努力了就一定能提高成绩,但是不努力就一定不能。

体育 tǐyù *n.* sports	【配】体育老师，体育成绩，体育运动 【例】① 我们体育老师长得很瘦。 ② 在老师的帮助下，我的体育成绩有了很大提高。 ③ 我最喜欢的体育运动是打篮球。 【扩】体育馆 (tǐyùguǎn; gymnasium)
甜 tián *adj.* sweet	【配】很 / 真甜，甜不甜 【例】① 你看她，笑得真甜。 ② A：这些葡萄甜不甜？ B：不甜。
条 tiáo *m.* (for sth long, narrow or thin)	【配】一条裤子，两条裙子，三条鱼 【例】① 这条裤子多少钱？ ② 姐姐买了两条裙子。 ③ 冰箱里还有一条鱼，我们晚上吃吧。

同事
tóngshì
n. colleague

【配】老同事，我（的）同事，三个同事

【例】① 我来介绍一下，这是我（的）同事王大伟，我们俩在一起工作了好多年，是老同事了。

② 晚上，我要去机场接三个同事。

同意
tóngyì
v. agree

【配】不同意，非常同意

【例】① 对不起，我不同意你说的话。

② 王经理说，他非常同意你们的想法。

头发
tóufa
n. hair

【配】黄头发，长 / 短头发

【例】① 妹妹的头发很黄。

② 我的头发太长了。

③ 你觉得我是长头发好看，还是短头发好看？

突然 tūrán *adj.* sudden	【配】很突然 【例】① 下雨了，他突然想到妈妈没有带伞。 ② 小王生病住院（zhùyuàn; be in hospital）了，这个消息对大家来说很突然。
图书馆 túshūguǎn *n.* library	【配】去图书馆，图书馆里，在图书馆 【例】① 美真每天都去图书馆看书。 ② 图书馆里有很多书。 ③ 你找小周吗？他在图书馆借书呢。
腿 tuǐ *n.* leg	【配】两条腿，右腿，腿上 【例】① 什么动物有两条腿？ ② 看，你腿上是什么？ ③ 昨天踢球的时候，他不小心伤（shāng; hurt）了右腿，现在腿还很疼。

W

完成 wánchéng *v.* accomplish	【配】完成作业，认真（地）完成 【例】① 一个多小时了，我终于完成了作业。 ② 弟弟认真地完成了今天的作业。 ③ 我们终于完成任务（rènwu; task）了！
碗 wǎn *n.* bowl	【配】一碗米饭，大 / 小碗 【例】① 今天我很饿，吃了两碗米饭。 ② 今天我去超市买了五个小碗。
万 wàn *num.* ten thousand	【配】一万 【例】① 有一万人参加了这次运动会。 ② 这辆车要十万多块钱。

忘记 wàngjì *v.* forget	【例】① 妈妈每年都不会忘记给我买生日礼物。 ② 他又忘记写作业了。 ③ 我们不能忘记历史。
为 wèi *prep.* for	【例】① 我为妈妈准备了生日礼物。 ② 大家都为你感到高兴。 ③ 能不能请你为我们唱一支歌?
为了 wèile *prep.* for the sake of	【例】① 为了你，我一定好好工作。 ② 为了去西藏（Xīzàng; Tibet），他准备了很长时间。
位 wèi *m.* (for people)	【配】这位老师，两位客人 【例】① 这位是我的汉语老师。 ② 昨天晚上，家里来了两位客人。 ③ 您二位想要吃点什么?

文化
wénhuà
n. culture

【配】中国文化，地方文化，学习文化

【例】① 我对中国文化很感兴趣。
② 对你们这里的地方文化，我懂得不多。
③ 我们都需要好好学习自己国家的文化。

X

西
xī
n. west

【配】西方，往西走，从东到西

【例】① 太阳从东方升起 (shēngqǐ; rise)，从西方落下 (luòxià; set)。
② 往西走 400 米，就能看到图书馆了。
③ 这个花园很大，从东到西要走二十多分钟。

习惯
xíguàn
n./v. habit; be used to

【配】一个习惯，好 / 坏习惯，慢慢习惯

【例】① 早上起床以后喝杯水，是一个好习惯（*n.*）。
② 他有一个习惯（*n.*），每天晚上睡觉前看一个小时的书。
③ 来中国半年了，他已经习惯（*v.*）了这里的生活。

洗手间
xǐshǒujiān
n. restroom

【配】一个洗手间，去洗手间

【例】① 请问，洗手间在哪儿？
② 图书馆二楼有个洗手间。
③ 二楼洗手间里人很多，我们去三楼吧。

洗澡
xǐzǎo
v. bathe

【例】① 书上说，运动完后不能马上洗澡。
② 洗完澡以后真舒服啊！

夏 xià *n.* summer	【配】夏天，夏季 【例】① 武汉的夏天真热啊！ ② 夏天到了，一定要多喝水。 ③ 夏季是一年中最热的季节。
先 xiān *adv.* first, in advance	【配】先到，先走，最先 【例】① 我比你先到北京。 ② 你先走吧，我还有些事情没做完。 ③ 她今天是最先到教室的。
相信 xiāngxìn *v.* believe	【例】① 你相信我吗？ ② 你说什么？我不相信。 ③ 好吧，我相信你的话。
香蕉 xiāngjiāo *n.* banana	【配】一根 (*m.*) 香蕉，吃香蕉，五斤香蕉 【例】① 香蕉是我最喜欢的水果。 ② 再吃根香蕉吧！ ③ 这种香蕉看起来很好吃。

向 xiàng *prep.* to, towards	【配】向左走，向前看 【例】① 你向前走走就能看见那家超市。 ② 你向左看，我就在水果店旁边。
像 xiàng *v.* be like	【配】很像，像……一样 【例】① 她妹妹和她长得很像。 ② 你觉得那片云像什么？ ③ 妹妹的脸红红的，像苹果一样。
小心 xiǎoxīn *v./adj.* be careful; careful	【配】小心地（dì）滑 (huá; slippery)，很小心 【例】① 昨晚下了一夜的雨，小心地滑。 ② 你第一次开车，一定要小心啊！ ③ 我的手不小心受伤了。

校长 xiàozhǎng *n.* headmaster	【配】一位校长，老校长 【例】① 这位老校长已经工作三十多年了。 ② 我们的校长对我们非常好。 ③ 这不是校长的伞，他今天没有带伞。
新闻 xīnwén *n.* news	【配】重要新闻，看新闻，一条新闻 【例】① 最近有什么重要的新闻啊？ ② 每天七点，我都准时打开电视看新闻。 ③ 这条新闻让我们觉得很奇怪。
新鲜 xīnxiān *adj.* new, fresh	【配】新鲜的水果，很新鲜，新鲜事 【例】① 超市里有很多新鲜水果。 ② 这是我昨天买的西瓜，还很新鲜呢。 ③ 告诉你一件新鲜事。

信用卡 xìnyòngkǎ *n.* credit card	【配】一张信用卡，刷信用卡 【例】① 对不起，我们只收现金，不能刷信用卡。 ② 我昨天办了一张信用卡。
行李箱 xínglixiāng *n.* luggage carrier	【配】一个行李箱，拿行李箱 【例】① 这个行李箱在哪儿买的？真好看！ ② 让我来帮你拿行李箱吧！ ③ 你的行李箱里装了什么啊，这么重（zhòng; heavy）！
熊猫 xióngmāo *n.* panda	【配】大熊猫，一只熊猫，可爱的熊猫 【例】① 大熊猫是中国的国宝（guóbǎo; national treasure）。 ② 北京动物园里有很多可爱的熊猫，我们一起去看看吧！

需要 xūyào *v.* need, want	【配】不需要 【例】① 您需要喝点儿水吗？ ② 房间还很干净，不需要打扫了。 ③ 奶奶生病了，需要我好好照顾她。
选择 xuǎnzé *v.* select	【例】① 这两本书都不错，我没办法选择。 ② 想了这么久,你选择好了吗?

Y

要求 yāoqiú *v./n.* ask, demand; requirement	【配】要求太高，提出要求，特别的要求 【例】① 妈妈要求我们每天打扫房间。 ② 学校要求我们八点开始上课。 ③ 经理提出了很多要求。
爷爷 yéye *n.* grandfather	【例】① 他爷爷很瘦，但是很健康。 ② 我见过右边那位老爷爷。 ③ 爷爷的帽子不在我房间里。

一定 yídìng *adv./adj.* must, certainly; fixed	【配】不一定，一定的时间 【例】① 放心吧，这件事我一定会做好的。 ② 这周五我不一定会去。 ③ 公司的上班时间是一定的。
一共 yígòng *adv.* altogether	【例】① 您好，这些书一共五十四元。 ② 请问这些水果一共多少钱？ ③ 我们班一共有三十八个人。
一会儿 yíhuìr a little while	【配】过（了）一会儿，等一会儿 【例】① 过了一会儿，图书馆里来了好多人。 ② 他还没来，我们先在这儿等一会儿吧。
一样 yíyàng *adj.* same	【配】不一样，长得一样，几乎一样 【例】① 这本书和那本书不一样。 ② 他有个哥哥，和他长得一样。 ③ 你们俩的衣服几乎一样啊！

以前 yǐqián *n.* earlier times	【配】三天以前，两点以前，很久以前 【例】① 三天以前，我在北京。 ② 请两点以前到公司。 ③ 很久以前，有一个国王（guówáng; king），很喜欢听故事。 【扩】以后 (yǐhòu; afterwards, later)
一般 yìbān *adj.* general, ordinary	【例】① 周末我们一般不上班。 ② 这儿的水果很一般，我们去别的地方看看吧。 ③ 我一般不在网上买东西。
一边 yìbiān *adv.* at the same time	【配】一边……一边…… 【例】① 不要一边吃饭一边看电视，这不是一个好习惯。 ② 哥哥一边上网，一边和我说话。
一直 yìzhí *adv.* all along	【例】① 我一直在想，要不要告诉他这件事。 ② 你终于回来了！我一直担心你呢。

音乐 yīnyuè *n.* music	【配】好听的音乐，听音乐，音乐会(yīnyuèhuì; concert) 【例】① 这音乐好听极了！ ② 姐姐很喜欢听音乐，但她不喜欢唱歌。 ③ 这周六有一场音乐会，你去吗？
银行 yínháng *n.* bank	【配】去银行，一家银行 【例】① 昨天中午我去银行了，银行里人不多。 ② 请问，附近有中国银行吗？
饮料 yǐnliào *n.* drink	【配】一瓶饮料，喝饮料 【例】① 这种饮料很好喝。 ② 他吃饭的时候总要喝饮料。
应该 yīnggāi *v.* should	【配】不应该 【例】① 我觉得，你不应该这样做。 ② 快八点了，应该起床了。

影响 yǐngxiǎng *v./n.* affect, influence; effect, impact	【配】对……影响不大，有影响，受到影响 【例】① 这件事对我们影响不大。 ② 这条新闻影响了人们的生活。 ③ 这个城市夏天总是会受到台风(táifēng; typhoon)的影响。
用 yòng *v.* use	【配】用筷子，不用 【例】① 我会用筷子吃饭了。 ② 今天不太热，不用开空调。
游戏 yóuxì *n.* game	【配】玩游戏，电脑游戏 【例】① 我们来一起玩个游戏吧！ ② 准备好了吗？游戏马上开始。 ③ 弟弟很喜欢玩电脑游戏。
有名 yǒumíng *adj.* well-known	【配】很有名，有名的医生 【例】① 王明是个很有名的医生。 ② 我知道他，他写了很多书，非常有名。 【扩】名人 (míngrén; celebrity)

又 yòu *adv.* again	【例】① 今天又下雨了。 ② 他女朋友又生气了。 ③ 今天，我又在图书馆遇到了小张。
遇到 yùdào *v.* run into	【例】① 又遇到你了，这世界真小啊！ ② 昨天，他们在超市遇到了王老师。 ③ 我遇到过相同的事情。 【扩】遇见 (yùjiàn; meet, come across)
元 yuán *m.* (for money)	【配】一元钱，三元 【例】① 桌子上的一百元钱是谁的? ② 苹果八元一斤，太贵了。
愿意 yuànyì *v.* be willing	【配】非常愿意，愿意去 【例】① 她非常愿意去上海工作。 ② 如果有需要，我非常愿意帮忙。

月亮 yuèliang *n.* moon	【例】① 今晚的月亮真圆（yuán; round）啊！ ② 月亮像盘子一样。
越 yuè *adv.* the more... the more...	【配】越……越…… 【例】① 您的孩子越来越漂亮了。 ② 我越走越累，真想找个地方坐一会儿。

Z

站 zhàn *v.* stand	【例】① 别站着了，快请坐。 ② 你站在这儿等我一会儿。
张 zhāng *m.* piece	【配】一张桌子，两张纸 【例】① 我们去买张新的桌子吧。 ② 请给我一张白纸，可以吗？
长 zhǎng *v.* grow	【例】① 我长大以后想当（dāng; act as）医生。 ② 小草长得很好。

着急 zháojí *adj.* worried, anxious	【配】非常着急，不着急 【例】① 手表不见(bújiàn; be lost)了，弟弟非常着急。 ② 别着急，现在才四点半。
照顾 zhàogù *v.* look after	【例】① 小周让我好好照顾他的弟弟。 ② 他每天都要去医院照顾爷爷。 ③ 我的病已经好了，不用你们照顾了。谢谢！
照片 zhàopiàn *n.* photograph	【配】一张照片，拍照片 【例】① 这张照片在哪儿拍的？ ② 妹妹特别喜欢给人拍照片。 ③ 照片里的那个人是你吗？
照相机 zhàoxiàngjī *n.* camera	【配】一个照相机，新照相机 【例】① 我用这个照相机拍了很多照片。 ② 爸爸很喜欢他的新照相机。

只 zhǐ *adv.* only, just	【配】只是，只能 【例】① 他只是我的同学，不是男朋友。 ② 你只能自己去医院了，我们都没有时间陪（péi; accompany）你。
只有……才…… zhǐyǒu… cái… only if...	【例】① 只有你去叫她，她才会来。 ② 只有认真学习，才能学好汉语。 ③ 只有在十一楼才能看到远处（yuǎnchù; distant place）的山。
中间 zhōngjiān *n.* middle	【例】① 桌子中间放着三个苹果。 ② 请把中间那件衣服拿给我看看。
中文 Zhōngwén *n.* Chinese	【配】学中文 【例】① 这几年，很多人来中国学中文。 ② 他的中文很好。

终于 zhōngyú *adv.* at last	【例】① 走了这么久，终于看见火车站了。 ② 他终于明白了我的意思。 ③ 周末到了，终于可以好好休息了。
种 zhǒng *m.* kind	【例】① 我们店里有三种蛋糕，你要哪一种？ ② 花园里有很多种花。
重要 zhòngyào *adj.* important	【配】很重要，重要的事情 【例】① 这个钱包对我很重要。 ② 他告诉我一件很重要的事。 ③ 重要的东西一定要放好。
周末 zhōumò *n.* weekend	【配】这个周末，每个周末 【例】① 这个周末你有没有时间？ ② 每个周末，我都和爸爸一起去游泳。 【扩】周日 (zhōurì; Sunday)

主要 zhǔyào *adj.* main	【配】主要问题，最主要 【例】① 现在，我们的主要问题已经解决了。 ② 要提高比赛成绩，最主要的是要好好练习。
注意 zhùyì *v.* pay attention to	【配】注意一下，请注意 【例】① 这个问题，需要好好注意。 ② 注意到了吗？她今天有点儿不高兴。 ③ 大家注意一下这个问题。
自己 zìjǐ *pron.* oneself	【配】我自己，自己的事情，自己去 【例】① 你自己去，没问题吧？ ② 他说，这是他自己的事情，和我们没关系。
自行车 zìxíngchē *n.* bicycle	【配】骑自行车，一辆自行车 【例】① 我买了一辆红色自行车。 ② 她不会骑自行车。

总是 zǒngshì *adv.* always	【例】① 我总是忘了带伞。 ② 他总是开车去上班。 ③ 刘老师总是很认真。
嘴 zuǐ *n.* mouth	【配】一张嘴，张开嘴 【例】① 他听了那个笑话乐得合不上嘴。 ② 请把嘴张开。
最后 zuìhòu *n./adv.* the last, the ultimate; finally, lastly	【配】最后一个，最后的结果 【例】① 这是最后一篇课文了。 ② 最后，他还是离开了这里。
最近 zuìjìn *n.* lately	【例】① 我最近去上海了，不在北京。 ② 最近有个很好看的电影，我们一起去看吧！
作业 zuòyè *n.* homework	【配】写/做作业，数学作业 【例】① 昨天的作业你写/做完了吗？ ② 今天我们没有数学作业。

附录

附表 1：重组默认词

	重组默认词		大纲词
1	班级	bānjí	班 年级
2	办公楼	bàngōnglóu	办公室 楼
3	北门	běimén	北方 门
4	草地	cǎodì	草 地方
5	春季	chūnjì	春 季节
6	蛋糕店	dàngāodiàn	蛋糕 商店
7	地铁站	dìtiězhàn	地铁 火车站
8	电影节	diànyǐngjié	电影 节日
9	电子词典	diànzǐ cídiǎn	电子邮件 词典
10	电子邮箱	diànzǐ yóuxiāng	电子邮件 行李箱
11	电子游戏	diànzǐ yóuxì	电子邮件 游戏
12	东北	dōngběi	东 北方
13	东边	dōngbian	东 旁边
14	动物园	dòngwùyuán	动物 公园
15	放学	fàngxué	放 学校
16	花瓶	huāpíng	花 瓶子
17	花园	huāyuán	花 公园
18	会议室	huìyìshì	会议 教室
19	开会	kāihuì	开 会议

20	楼梯	lóutī	楼 电梯
21	门口	ménkǒu	门 口
22	名单	míngdān	名字 菜单
23	名人	míngrén	有名 人
24	南方	nánfāng	南 北方
25	南面	nánmiàn	南 前面
26	前年	qiánnián	以前 年
27	钱包	qiánbāo	钱 包
28	书包	shūbāo	书 包
29	体育馆	tǐyùguǎn	体育 图书馆
30	外地	wàidì	外 地方
31	夏天	xiàtiān	夏 今天
32	箱子	xiāngzi	行李箱 杯子
33	校园	xiàoyuán	学校 公园
34	以后	yǐhòu	以前 后来
35	游客	yóukè	旅游 客人
36	雨季	yǔjì	下雨 季节
37	雨伞	yǔsǎn	下雨 伞
38	遇见	yùjiàn	遇到 看见
39	运动会	yùndònghuì	运动 会议
40	运动鞋	yùndòngxié	运动 皮鞋
41	怎么办	zěnmebàn	怎么 办法
42	照相馆	zhàoxiàngguǎn	照相机 宾馆
43	周日	zhōurì	周末 日

44	字典	zìdiǎn	字 词典
45	做客	zuòkè	做 客人

附表 2：减字默认词

	重组默认词		大纲词
1	办	bàn	办公室
2	北	běi	北方
3	边	biān	一边
4	变	biàn	变化
5	查	chá	检查
6	常	cháng	经常
7	词	cí	词典
8	答	dá	回答
9	电子	diànzǐ	电子邮件
10	风	fēng	刮风
11	该	gāi	应该
12	刮	guā	刮风
13	河	hé	黄河
14	黄	huáng	黄河
15	会儿	huìr	一会儿
16	或	huò	或者
17	急	jí	着急
18	记	jì	记得
19	街	jiē	街道

20 节 jié 节日
21 斤 jīn 公斤
22 酒 jiǔ 啤酒
23 句 jù 句子
24 据 jù 根据
25 爬 pá 爬山
26 怕 pà 害怕
27 瓶 píng 瓶子
28 山 shān 爬山
29 市 shì 城市
30 刷 shuā 刷牙
31 头 tóu 头发
32 网 wǎng 上网
33 忘 wàng 忘记
34 相机 xiàngjī 照相机
35 鞋 xié 皮鞋
36 心 xīn 关心
37 行李 xíngli 行李箱
38 兴趣 xìngqù 感兴趣
39 选 xuǎn 选择
40 牙 yá 刷牙
41 应 yīng 应该
42 邮件 yóujiàn 电子邮件
43 遇 yù 遇到

44	照相	zhàoxiàng	照相机
45	周	zhōu	周末
46	总	zǒng	总是

附表3：特例词

	特例词		说明
1	《汉语大字典》 《Hǎnyǔ Dàzìdiǎn》		书名
2	《历史上的今天》 《Lìshǐ Shang de Jīntiān》		节目名
3	《上下五千年》 《Shàngxià Wǔqiān Nián》		书名
4	《十五的月亮》 《Shíwǔ de Yuèliang》		歌名
5	《向左走向右走》 《Xiàng Zuǒ Zǒu Xiàng Yòu Zǒu》		书名/电影名
6	《月亮船》	《Yuèliang Chuán》	歌名
7	《月亮河》	《Yuèliang Hé》	歌名
8	白经理	Bái jīnglǐ	称呼
9	北京大学	Běijīng Dàxué	单位组织名
10	北京西站	Běijīng Xī Zhàn	地名
11	冬冬	Dōngdong	名字
12	高叔叔	Gāo shūshu	称呼
13	国家图书馆	Guójiā Túshūguǎn	单位组织名

14	河南	Hénán	地名
15	花城	Huāchéng	地名
16	黄山	Huáng Shān	山名
17	老张	Lǎo Zhāng	称呼
18	刘阿姨	Liú āyí	称呼
19	南京	Nánjīng	地名
20	牛向东	Niú Xiàngdōng	名字
21	山西	Shānxī	地名
22	甜甜	Tiántian	名字
23	西南大学	Xīnán Dàxué	单位组织名
24	小黄	Xiǎo Huáng	称呼
25	小马	Xiǎo Mǎ	称呼
26	张爷爷	Zhāng yéye	称呼
27	中国银行	Zhōngguó Yínháng	单位组织名
28	中秋节	Zhōngqiū Jié	节日

外研社·HSK课堂系列

“外研社·HSK 课堂系列”是一套训练学生听、说、读、写各方面技能的综合性考试教材，包括五大子系列。本系列教材紧扣 HSK 考试大纲，准确把握 HSK 考试的重点难点，分析深入浅出，讲解精炼到位，使学生能够快乐学习、轻松过关。

1 HSK 词汇系列

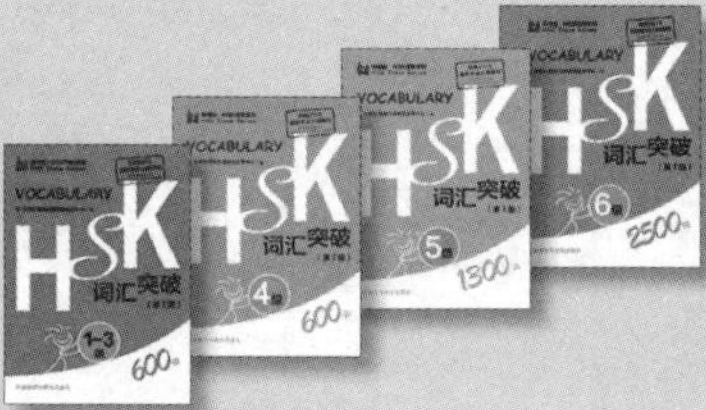

2 21 天征服 HSK 教程系列

中文天天读
Reading China

《中文天天读》是专为汉语学习者编写的一套中文分级读物。既可作为课外读物，也可作为阅读教材。《中文天天读》具有如下特点：

- **分级读物**：按语言难度分为五个等级，每级各有不同的分册，可适合不同级别学习者使用；
- **中国话题**：话题从中国人的衣食住行、传统风俗与现代生活的交替到中国当代的语言、文化、经济等，从不同角度客观展现了中国的社会面貌；
- **文章简短**：篇幅短小，语言浅显，内容风趣，体裁多样，可充分调动学习者的阅读兴趣；
- **有声阅读**：每册均有配套 CD 或 MP3，学习者可边听边读，通过听、读两种方式欣赏地道的中文。

《中文天天读》包含如下产品：

1 级	1A 爱上中国	1B 小马过河	500 词汇
2 级	2A 奇妙的中文	2B 自行车王国	1000 词汇
3 级	3A 八月八日，我们结婚	3B 好一朵茉莉花	2000 词汇
4 级	4A 北京欢迎你	4B 种下一棵爱情树	3500 词汇
5 级	5A 熊猫外交	5B 中国的“春运潮”	5000 词汇

小马过河
A Little Horse Crosses the River
自行车王国
Bicycle Kingdom
爱上中国
Fallen in Love with China
奇妙的中文
Marvellous Chinese
好一朵茉莉花
What a Beautiful Jasmine Flower
种下一棵爱情树
Planting a Love Tree
中国的"春运潮"
China's "Spring Festival Migration"
8月8日，我们结婚
Let's Get Married on August 8th
北京欢迎你
Beijing Welcomes You
熊猫外交
Panda Diplomacy

中国人的生活故事

Stories of Chinese People's Lives

《中国人的生活故事》中文系列读物由孔子学院总部／国家汉办组织编写，目的是满足各国汉语学习者在汉语读物方面的需求。第一辑以便携口袋书的形式推出，按主题分为 8 个分册，每分册收录 8 篇文章。选文从名家名篇到普通人手笔，全方位地展现中国人的生活。通过该系列读物，读者不仅可以提高中文阅读能力，也能够通过这些故事了解普通中国人的生活和情感。图书提供在线的声音资源，读者扫描封底二维码便可获取，边读边听，在品味故事的同时提高中文听说水平。

联系方式：

Tel: 86-10-88819973　　E-mail: chinese@fltrp.com